一流の人は知っている

ハラスメントの壁

人財育成コンサルタント・上司向けコーチ
吉田幸弘
Yoshida Yukihiro

ロング新書

はじめに

ある時、部下育成に関するテーマで研修をしている際、受講しているリーダーの方からいくつかの相談を受けました。

「部下を育成するには時に叱る必要があるのはわかるのですが、パワハラと言われないか心配なんです」

「セクハラにならないように、必要最低限しか異性の部下とはコミュニケーションをとらないようにしています」

「少し厳しく言っただけで『ハラスメントではないか』と逆に口の達者な部下に脅されました」


テレビや新聞などでもハラスメントについて取り上げられていることが増えているのも影響しているのでしょう。聞くと、裁判や損賠賠償になった事例を見て、「これ、私も危ないかも」「気をつけなきゃ」とドキッとさせられたという方も多いようです。「こんなひと言までハラスメントになるのか？」とショックを受け、余計なことは言わないようにしようと、部下に言いたいことを我慢してストレスを溜めている方も多いようです。ハラスメントを恐れて部下とどのように接したらいいか悩むうえに、上司からは部下をもっとしっかりマネジメントするようにと指摘され、板挟みになって苦しんでいるという話もよく耳にします。

ハラスメントに関しては、すでにたくさんの書籍が出ているうえ、セミナーも開催されています。しかし、そのうちの多くが法律家などの専門家によるもので、どのような行為がハラスメントに認定されたか判例に基づいた解説が主になっています。私自身もそのような多くの書籍から学ばせていただいています。

ただ、現場のリーダーからすると、活用するのにいささか難しく感じるとの声もよく耳にします。そもそも裁判を起こされたり損害賠償を請求されるまでの前の段階でどうしたらいいか悩んでいる人が多いからです。

どうすればいいかわからずに結局、叱るのをやめてしまう、腫れ物に触るような対応をせざるを得ないとなってしまいます。悩んでいる方も多く、リーダーになりたがらないという優秀なスタッフも増えているようです。企業にとっても大きな損失です。

ここで私のことをお話しします。

現在、私は全国の会社組織や商業団体などで、経営者・管理職の方向けに部下育成の研修やセミナーを行っています。また、組織のコンサルティング活動も行っています。現在では累計の指導者数も三万人を超えました。

会社員時代には管理職として一二年活動し、ＭＶＰも何度か取得しました。

しかし、元からリーダーとしてうまくチームをまとめられていたわけではなく、降格人事に三回もなりました。その時、今でいうハラスメントのようなコミュニケーションをとっていました。

しかし、ある時から降格人事の口惜しさを糧に、書籍やセミナーなどでリーダーの素養を学び、七転び八起きしながらそれらを実践するようになり、リーダーとしてうまくいくようになりました。

その過程で、「ハラスメントにならないコミュニケーション」「信頼関係のつくり方」は人一倍考えてきました。そのうえで熟考したのが本書で伝えている理論やノウハウです。

実際、以前は、部下とのコミュニケーション術がテーマだった研修に、ハラスメント防止の内容を入れてほしいとの声も増えてきました。

そのなかで、ハラスメント研修を実施したのち、「このようにすれば大丈夫なんだ」「叱っても問題ないんだ」「ここだけ気をつければセクハラにはならないんだ」と非常にわかりやすく前向きな気持ちになれたとの声も多くいただいております。

正しくハラスメントの意味を理解し、ハラスメントを不要に恐れないでいただきたいということをお伝えしたく、本書を書かせていただきました。

プロローグ

ハラスメントがより問題になってきている
——大切なのは信頼関係をしっかりつくること

第1章

良かれと思っているのは自分だけ？相手を怒らせる危険な言葉

第2章

問題が起きる前にまず聞き上手になろう

第3章

ハラスメントにならない頼み方

第4章

ハラスメントしないための心得

第5章

新しい時代のコミュニケーション

プロローグ

ハラスメントがより問題になってきている
――大切なのは信頼関係をしっかりつくること

法律によりパワハラに厳しい時代が到来

日本が戦後、高度経済成長など急成長を遂げた背景には、厳しいノルマや時間外を問わず働くといった労働環境がありました。終身雇用制度や年功序列制度などもあり、若いうちは苦しくても頑張れば報われるといった風潮がありました。

そんな中で怒鳴り声が社内に響くこともありましたし、時には殴ったりというパワハラも生まれました。

パワハラを行っていても、「あいつは業績が良いから仕方ない」と目をつぶっているケースも見られました。

しかし、時代は変わり、パワハラに対しては厳しくなりました。

そもそも「指導」や「教育」という名の「いじめ」や「嫌がらせ」は許されるものではありません。よく「叱り方」のセミナーを行いますが、「叱る」のは部下の行動改善が目的であって、怒鳴ったり、精神的に圧迫を与えるものではありません。

二〇二〇年六月、大企業向けに、「労働施策の総合的な推進並びに労働者の雇用の安定及び職業生活の充実等に関する法律（通称：労働施策総合推進法）」の改正、いわゆる「パワハラ防止法」が適用され、二〇二二年四月には中小企業にも適用されます。

法律の施行により、ますますパワハラに対して厳しい時代が到来しました。

この法律によって初めて、「何がパワハラか」の大臣指針が示されたのです。今までは、法律の条文による明確な定義はありませんでした。パワハフかどうか問題になった時は、過去の裁判例が元になっていましたが、より、明確になりました。

法律の条文では、以下の三つを「パワハラ」の定義とし、三つの要素をすべて満たすものが、職場におけるパワーハラスメントであると定義されました。

1. 職場での優越的な関係を背景としている
2. 業務上必要かつ相当な範囲を超えている
3. 就業環境を害されている

それに加えて、厚生労働大臣（告示）によって、パワハラの「六つの類型」が詳しく定義されました。

1. 身体的な攻撃（暴行・傷害）
2. 精神的な攻撃（脅迫・名誉棄損・侮辱・ひどい暴言）
3. 人間関係からの切り離し（隔離・仲間外し・無視）
4. 過大な要求（業務上明らかに不要なことや遂行不可能なことの強制・仕事の妨害）
5. 過小な要求（業務上の合理性なく能力や経験とかけ離れた程度の低い仕事を命じることや仕事を与えないこと）
6. 個の侵害（私的なことに過度に立ち入ること）

国の指針として定められたことを鑑みても、今後パワハラに対して厳しくなるのは間違いないでしょう。

セクハラの規制も強化された

パワハラと同様に職場におけるハラスメントの代表格ともいえる「セクハラ」に対しても規制の強化がされました。セクハラはパワハラより古くから問題がクローズアップされていました。

一九八五年雇用の分野における男女の均等な機会及び待遇の確保を目的とした男女雇用機会均等法が施行されました。この法律によって、女性の就労機会や女性労働者の確保を目的とした職場での男女平等が重視されるようになったものの、男尊女卑の考えがまだまだはびこっていました。

その後、改正男女雇用機会均等法として、女性に対する差別の努力義務規定が禁止規定になり、ポジティブ・アクション、セクシュアルハラスメントにかかる規定が創設され、一九九九年四月に施行になりました。

その後、二〇〇七年の改正を経て、二〇一九年五月に「パワハラ防止法」が成立したのと同時に行われた男女雇用機会均等法および育児・介護休業法の改正で、セクハラに関しても規制の強化策が新たに盛り込まれました。

この法改正で加えられた規制は、次の四つの項目です。

1. セクハラ等の防止に関する国・事業者・労働者の責務の明確化
2. 事業主に相談した労働者に対する不利益な取り扱いの禁止
3. 自社の労働者が他社の労働者にセクシャルハラスメントを行った場合の協力対応
4. 調停の出頭・意見聴取の対象者の拡大

1.にあるように初めて「セクハラ禁止」が明文化されたのです。
セクハラというと、女性への発言や身体的接触ばかりがクローズアップされがちですが、例えば仕事上の差別、育休制度の取得に関してなど適応範囲が広くなりました。

また女性から男性による逆セクハラ、「LGBT」などのセクシュアルマイノリティに関するセクハラ問題など多様化してきました。

さらに恋愛や結婚の話題などもセクハラになる可能性があります。無意識にセクハラ問題を犯してしまう危険性も出てきたということです。

新しいハラスメントの出現

ハラスメントはセクハラ・パワハラだけではありません。テクハラ・コロハラ・エアハラ・スメハラ・リモハラといった新しいハラスメントも出てきています。

いつの間にか自分が「ハラスメントの行為者」になってしまう危険性があるということです。気をつけないといけないことは数限りなくあるということでもあります。これでは、何も部下と接しないほうがいいではないか、何もできないではないかと言いたくなった経営者・管理職の方もいらっしゃるかもしれません。

それでも企業は業績を上げていかなくてはなりません。部下の活動状況がよくないなら厳しいフィードバックも時には必要です。部下によっては、良いフィードバックばかりでは今後の自分の成長につながらないと感じ、改善点があれば指摘してほしいと思っているので、悪いフィードバックをしない上司には不満を抱いてしまうこともあります。

ハラスメントの境界線は相手側にある

ハラスメントの研修をすると、具体的に言ってはいけない、行動してはいけないハラスメントって何ですか、何を言わなければ大丈夫ですかと管理職の方からよく聞かれます。しかし実のところ、何を言ってはいけないかという答えはないのです。

セクハラ問題に関して、同じことをされても相手によってはセクハラだし、相手によっては嬉しい場合もあると聞きます。パワハラも同様で、同じ言葉を発しても、その相手によって変わるということです。たとえて言うなら、Aさんが「ふざけんなよ」と言って頭をこずいたらハラスメントになるのに、Bさんが同じことをやっても、ハラスメントにならないというケースもあるのです。

これはハラスメントを受けた側の視点なのです。ハラスメントかどうかの境界線は、相手側にあるということです。境界線のポイントは、「信頼できる上司かどうか」ということです。

逆に信頼できる上司であれば、ハラスメントにならないということですから、過敏になってはなりません。腫れ物に接するようなコミュニケーションをとる必要はありません。

良かれと思ってやっていることがハラスメントになることも

大切なのは信頼関係をしっかり構築することです。

本書では信頼関係をつくるためのコミュニケーション術、考え方を解説していきます。また、ハラスメントのなかには明らかによくないこととわかるものがある以外に、良かれと思ってやっていることがハラスメントになっているものもあります。

特に以前ならば親しみを込めて相手にやっていたことや、かつての上司から自分がされていたことなど、成長につながるからと無意識にしてしまっていることもあります。

すなわち、良かれと思っていたことがハラスメントになりうることで、そうならないために事例を交えてお伝えしていきます。

なお、私は法律家のような専門家ではありませんので、裁判例や法律の観点からというよりも現場で三万人以上のリーダーを見てきた経験およびハラスメントに困っている、あるいはハラスメントをしてしまったという人々と接してきたなかで、得た現場の観点から鑑みた適正なコミュニケーションをとる方法をお伝えしていきます。

お恥ずかしい話になりますが、私自身、パワハラの行為者になり、降格人事になったこともあるうえ、ハラスメントをされたこともあります。ハラスメントは人の人生に大きく影響を与えるもので、本書のノウハウを伝えることで撲滅したいと思っております。

部下の行動改善を目的に「叱る」ことはむしろ必要

いまの時代、部下を叱るという行為はとても難しくなっています。

特に上司が部下を叱る場合、パワハラになるのではないか、セクハラになるのではないかと、叱ること自体を躊躇してしまうこともあるかもしれません。

ただ、繰り返しますが、怒鳴ったり、精神的な圧迫を与えるのがハラスメントであり、部下の行動改善を目的に「叱る」ことは、むしろ必要なのです。

ここで一つ例を挙げます。


Fさんという一生懸命営業活動をしているのですが、レスポンスが遅い部下がいました。

その彼が、お客さんから今度名古屋に行くので、ホテルの予約を頼めないかと依頼を受けました。

ただ、お客さんが希望していたホテルに空きがなく、いろいろ探して、一週間くらいしてから周辺の別のホテルを提案していたのです。

そのまま「できない」と言って、ダメな営業と思われたくないという気持ちがあったのでしょう。

しかしマネジャーAさんは、本来であれば「ご希望のホテルは空いてない旨、まずはお客さんに早く伝えたほうがいい」と思っていましたが、一生懸命ホテルの空きを調べ、同等のホテルを提案して受注も取っていたので、あまりうるさく言う必要もないかと、叱ることを控えていました。

ある日の出来事のことです。

Fさんはまた別のお客さんからホテルの予約を頼まれたのですが、お客さんが指定した日は、その街で大きなイベントが開催する予定になっており、市内のホテルは、すでにほぼ満室状態。

ところが、Fさんは他に大口顧客見込みのコンペに使う企画書提出が迫っていたため、二日ほどホテルの空き調査、手配を寝かせてしまったのです。

その後、調べてみると、当然どのホテルも空きがありません。「できない」なんて言えないと思い、さらに二日かけて周辺の街のホテルを調べ、結果、同じ県内といえども、希望されていた場所よりも二〇キロ離れたホテルなら取れると提案します。

一見、地図で見るとそんなに距離がないと思ってお客様に「このホテルしか取れませんでした」と言うと、「なんでもっと早く言ってくれなかったのか。このホテルだと遠すぎるよ。現地の取引先と会食をするのに店を抑えてしまったし、せっかく時間を取ってもらったのに、損害賠償ものだ」と、お客様は激怒。


どうにもいかなくなり、マネジャーAさんが謝罪して許してもらえたものの、今後の取引はストップになってしまいました。大口顧客ではありませんでしたが、実は支店長の紹介だったのです。結果、Fさんには大事な仕事は任せられないということになり、いつまで経っても簡単な仕事しかさせてもらえなくなりました。

Fさんにとっては非常に不幸なことです。

Aさんも上司として、Fさんはレスポンスが遅いと感じた時に、「できない時こそしっかり連絡する必要がある」と伝えていれば、このようなことは起きなかったでしょう。

ハラスメントの壁を把握して叱って成長させる

部下に何も注意しない上司は一見、優しいと思われるかもしれません。

しかし、これは本当のやさしさではありません。むしろ、修正すべき点は指摘してあげる。そのほうが部下の将来を考えるとやさしい上司です。修正の指摘をせずにできないまま一〇年が経過したら、後輩にバカにされて辛い目に遭うかもしれません。

今、若手メンバーの退職理由に「成長できない環境だから」という声が大きくあります。

必要以上にハラスメントを恐れての上司の行動が影響しているかもしれません。

部下は叱ってほしいと思っています。

ですから、適正な意味での「叱る」という行為は、上司の大切な仕事であり、部下のためです。

上司が本気で向き合えば、叱っても部下に真意は伝わります。

パワハラをして恨まれるのは問題外ですが、多少口うるさい上司でも、三年経過したとき、成長した部下は上司のあなたに感謝するでしょう。

何も言わない優しい上司ではなく、叱って成長させてあげる優しい上司を目指しましょう。

そうはいっても叱るのは一歩間違えば、ハラスメントになってしまう恐れがあるからリスクを取りたくないし、難しいなと思われた方、大丈夫です。本書を読んでいただければ、ハラスメントになる言い方とならない言い方の壁が把握できます。

あまり肩ひじを張らずにお読みいただければと思います。

それでは本章に入っていきます。

第1章

良かれと思っているのは自分だけ？ 相手を怒らせる危険な言葉

1 たった一語で相手への印象は「天」と「地」の差になる

あるYouTube番組で出演者がMCの女性に「今日はきれいですね」と言った時、「今日は?」と何度も笑いながら聞いているのを見ながら、「は」と「も」って実は伝えた側は一文字だけど、受け取った側は一文字では済まないくらいのインパクトを感じるものなのだと改めて思いました。

× **「今日は素敵だね」**

○ **「今日も素敵だね」**

今までは良くなかったではないかと言われた側は思ってしまいます。

× **「今回の資料はいいね」**

○ **「今回の資料もいいね」**

今回だけよくなったということでなければ、「も」を使いましょう。仮に今回、良くなったということなら、「今回の資料は、グラフが入っているからいいね」というように、理由も一緒に述べましょう。

なお、「は」を抜くのも注意が必要です。

× **「今回の資料、いいね」**

今回だけいいと言っているように感じるのではないかと思います。

× **「資料作成だけはいいね」**

× **「返事だけはいいな」**

「だけ」をつけると、他が最悪ととられる危険性があります。絶対に使ってはいけないパワハラワードです。

○ **「わかりやすくていい資料だね」**

○「○○さんの挨拶は気持ちいいね」

なお、話す時は気にならないのですが、メールやチャットで使うとぶっきらぼうな言葉があります。体言止めです。体言止めとは、文末を名詞や代名詞で終わらせるテクニックです。

具体的に比べてみましょう。

①**×「会議は一三時三〇分開始」**
②**○「会議は一三時三〇分開始です」**

助動詞「です」があるかないかの違いです。①は簡潔ですが、ぶっきらぼうに感じます。

かつて、直行直帰型のマネジャーをしている時、ある部下から「今日は新規四件、既存一件訪問。特記事項はなし」という体言止めで送ってくることに対してイライラしたこともありました。やはり、とげとげしさを感じさせないためにはちょっとした気配りも必要です。

「やればできるじゃないか」も危険なワードです。まるで普段はダメ、もっといつも気合入れてやってよ」と嫌みを言われているように感じてしまいます。

伝えた側は期待を込めて言っているつもりなのに、相手はネガティブなニュアンスと受け取られる可能性が高くなります。

2　気遣いが時に相手を怒らせる！

数年前、連日のように講演のために新幹線に乗って東奔西走して、移動中と旅先のホテルで執筆をしていた頃、お会いした時に、大きく分けると二種類の声掛けをされていました。

① **〇「吉田さん、すごい元気ですよね？」**
② **×「吉田さん、疲れてませんか？」**

どちらも気を使っていただいているのはわかるのですが、自分の心中には大きな違いがありました。

①のような言い方をされると、褒められているような気持ちになり、内心は疲れていても「頑張ろう」という気持ちになれます。

「ありがとうございます。粛々と頑張ってます」と疲れが吹っ飛びます。

一方で②は、実は図星です。でも、気分は落ち込みます。声をかけていただいている方は気を使っていただいているのかもしれませんが、「疲れているように見えるのかな→そういえば最近胃腸が弱っている気がするな→どこか悪いのかな。オレ大丈夫なのかな?」と、ネガティブな気持になっていきます。

健康に気を使う必要はありますが、「病は気から」と言います。

他にも私は皮膚が弱く、疲れてくると顔が赤くなっていたりします。「顔赤いですけど、大丈夫ですか?」、時には「酔っぱらっているんですか?」なんて聞かれることもあり、へこむこともあります。

男性の私ですら、このような気持ちになってしまうのですら、女性はなおのことかもしれません。本人は気遣ったつもりでも、相手の気分を害してしまっては本末転倒です。

「太ったな？」「痩せたな」の外見に触れるのもやめておきましょう。言った側は親しみを込めているのかもしれませんが、相手からすると気分が良くないかもしれません。外見には触れないようにしましょう。

×　「太ったな？」

○　「この前、ものすごい量の焼肉食べてましたね。羨ましいなと思いました」

×　「顔色悪いね。疲れていない？」

○　「一昨日東北にいたのに、昨日九州行ってましたね。すごい移動距離ですね」

本当の雑談上手は外見に触れません。

しかし、そうはいっても、明らかに相手の体調が悪そうな場合もあります。かつて私の先輩で女性メンバーへの声がけが非常にうまい人がいました。

その人は、残業が続いているとメンバーに**「最近、休めていないだろ。みんな早くあがろう」**と言ったり、体調が悪そうな人には**「とても忙しそうだけど、体調は大丈夫?」**と声がけしていました。

咳をしたりしている人にはそっとアメを持っていき、**「急に寒くなってきたからね。つらかったら遠慮しないで言って」**と声をかけていました。

「疲れている?」「顔色が悪い?」と外見を示す言葉は、相手の気分を害します。このような言葉をかけると、必要以上に気にしてしまうのです。しかも髪形や服装のように直せないので、一日中テンションを低く過ごすことになります。ですから、禁句にしておきましょう。

3 間違いは指摘してあげたほうがいい？

ある講演会場で参加者の方から、終了後の質問タイムに「あの、ホワイトボードの漢字が間違っていますよ」と一〇〇名近い参加者の前で指摘されたことがあります。確かに講師としては恥ずべきことではありますが、「何も皆の前で言うことないじゃないか」と思ったものです。

一方、別の講演会場での出来事です。私は全国各地に講演に行く前に、ネタ作りとして現地の名産品や観光資源を調べていきます。そんな折、「この街といえば、〇〇パークがありますよね」と講演のネタに使いました。

参加者の方の表情も非常によく、前半が終了して会場の横にある自販機でコーヒーを買うと、主催者の方が近寄ってきました。「先生、ご気分を害しましたら申し訳ございません。〇〇パークではなく、名称は△△パークです」とそっと教えていただきました。

何と、恥ずかしいことに間違って覚えていたのです。知ったかぶりはいけないということはおいておき、その後の主催者のお言葉が感動でした。「先生が恥ずかしい思いをしないためにも余計なことかとは思いましたが、お伝えいたしました。ご気分を害しましたら申し訳ないです」と続きました。

「とんでもありません」とお礼を述べました。

その後、後半開始まもなく、「皆様、大変失礼いたしました。△△パークでしたね」と言うと、皆さま爆笑。講演のアンケート評価はとても高いものをいただきました。

部下や取引先の方の間違いはこっそり指摘しましょう。

皆の前で指摘されると、恥をかかされたと相手は思います。


次に、正解がはっきりしない場合の例を挙げたいと思います。

部下と同行（コロナ禍では一緒にZｏｏｍ面談）をすることになっています。

月曜日の朝のミーティングで予定を「A社のアポイントは九日木曜日の一三時です

よね」と部下が確認してきたとします。リーダーであるあなたの予定を見ると手帳には一〇日の一三時と書いてあります。

ここで「九日じゃなくて一〇日じゃないか」と指摘します。しかし、部下と面談相手のメールの履歴をたどってみると、九日で部下が合っていたことがわかります。

この場合、部下はリーダーに対して反感を持ちます。もちろん、予定の誤記入なんてあってはならないことですが、「相手が間違っているのに叱られた」ということが問題です。

この場合、**「私の記憶違いかもしれないけど」「念のために確認だけど」**と相手を責めない言い方にします。相手もその思いやりに好感を持ちます。仮に自分の間違いだった場合も「そうだったか。ありがとう」で終了しても問題ありません。

みんなの前で間違いを指摘するのは「俺のほうが正しいんだ」という優越感の現れです。相手にとっても恥をかかされたと信頼をなくします。

メールが届いていない、期日になっても提出物が届かないという場合も、いきなり間違いを指摘するのではなく、自分に落ち度があるかもしれないと確認するのがいいでしょう。仮に相手が間違っていたとしても、鬼の首を取ったような態度は厳禁です。人は恥をかかされたことは意外に覚えているものですので、注意が必要です。

4 順番・秩序を軽視すると危険です

「○○さんにも相談したんだけど、キミはどう思う?」と言われたとします。言った側からすると、さして気にならない言葉ですが、意外に相手を怒らせることがあります。仮にあなたがリーダーだとして、チームに頼りになるメンバーが二人いたとします。

仮にAさんとBさんとしましょう。

「Aさんにも相談したんだけど」と、Bさんに声をかけたとします。仮にBさんがAさんの先輩であったり、同期でライバル関係にあると、よく思わないでしょう。

リーダーのあなたからすると「Bさんは、わたしが信頼する中の一人です」と思っていたとしても、Bさんは「私よりAさんのほうが重要なんだ」と思ってしまうかもしれません。

例の場合でいえば、「Aさんに相談した」というのは先に言わず、**一番に相談したと思わせるようにすることです**。もちろんAさんのほうが先輩ならまだ言ってもいいかもしれませんが、できるだけ言わないほうがいいでしょう。何も言わないことで、Bさんは「リーダーから頼られているんだ」と承認欲求が満たされます。

特に男性の多くは序列関係を思っている以上に気にします。たとえばスピーチする順番、複数人が登壇するコラボセミナーのチラシでどちらの名前が上に書いてあるかによって、気分を害する人もいるほどです。

役職、年次、五十音順にするのがいいですが、念のためにこの順番でいいですかと、確認するようにしましょう。

5　安心感を与えたつもりの言葉がパワハラになることも

部下に仕事を任せる時「**誰でもできる仕事だから**」「**簡単だから**」と安心感を与えようとしていませんか。もちろん、部下によっては安心できるからいいと思う人もいるでしょう。

一方で、「**どうせ私は期待されていないんだ。だから簡単な仕事しかやらせてもらえないんだ**」と評価に不満を持ち、モチベーションを下げる部下もいるでしょう。

プロローグでも触れましたが、二〇二〇年六月一日に「パワハラ防止法」が施行された際、厚生労働省から職場におけるハラスメントに該当する六つの事例のうちの五番目の「**過小な要求**」に該当する危険性があるのです。ここでいう「過小な要求」とは、業務上の合理性なく能力や経験とかけ離れた程度の低い仕事を命じることや仕事を与えないこととあります。

もちろんパワハラ認定されないかもしれませんが、「期待されていないんだ」「必要とされていないんだ」と思わせることは好ましくありません。

同じように**「君はプレゼンが苦手だったね」「君は細かい作業が苦手だったね」**と言うのも危険です。だから違う業務をという思いやりかもしれませんが、業務を限定されるのは、本人にとって好ましくないことと感じるでしょう。

一カ月前にはできなかった業務でも、実は夜や週末に猛勉強してできるようになっているかもしれません。「○○さんはこれができない」と決めつけることで、本人の仕事を制限しないようにしましょう。

過大な要求もハラスメントの危険性がありますが、「過小な要求」も危険があるということを頭の中に入れておきましょう。

同様に、営業でミスが続いていた部下に対して、たとえば、外に出すのが心配だから、社内で書類をシュレッダーにかける業務をやらせるのも「過小な要求」に該当します。一方で、「今の状況では営業の業務は難しいから、二週間業務部に行き、商品知識を学ぶように」と伝えるのはパワハラに該当しません。

二週間商品知識の勉強を会議室にこもってやるように伝え、その後二週間経過した時点で元の仕事をしてもらえばパワハラには該当しないのです。

なお、会議に参加させないなど孤立感を味わわせることは「人間関係の切り離し」と解釈され、パワハラに該当するので、

「今回だけ○○の業務をしてほしいから、会議に参加しなくていい」

と理由をしっかり伝え、議事録は共有することです。

何よりも**大切なのは、部下が「なぜ過小な要求をされるのか」をしっかり理解しているかどうか**です。部下によっては反発してくる人もいます。ここは根気よく対話をしていく必要があります。

他にもやっていけないこととして、「評価を落とすぞ」「降格させるぞ」といった言葉です。これらは間違いなくハラスメントに該当します。恐怖感を与えて無理やり動かそうとしてもパフォーマンスが上がるはずがありません。納得がいかない形で解雇などのリストラを行えば、部下も逆上してくるでしょう。

6 パフォーマンスの悪い部下ばかりにフォーカスしてはいけない

コンサルティングをしたり研修をしていくなかで、「優秀な人こそ辞めてしまう」とよく耳にします。リーダーは優秀な人はつい放置してしまい、成績の振るわない部下にフォーカスしてしまいがちです。優秀な人は放っておいてもいいと思ってしまうのです。

しかし、優秀な人にも悩みはあるものです。また、人によってはいつも目標を達成している優秀な部下に対しては全く褒めないどころか、ねぎらいの声掛けもしないというリーダーも少なくないようです。

それどころか、チームの成績が不振に陥っている時、さらに高い目標数字を押しつける、あるいは仕事を増やしてしまうこともあるようです。

私自身もそうでした。結果、エースのような働きをした部下に退職されてしまったこともありました。

チームでナンバー2的な存在であった優秀なプレイヤーAさんという人でした。

彼は毎月一五日くらいの時点で遅くとも目標達成、早い時は月の第一営業日に目標を達成してしまうくらい優秀でした。彼はチームのことを常に意識してくれて、他のメンバーの不足分を補うべく、目標達成率を常に二〇〇%近く挙げていました。

私は彼に感謝していたのですが、いつしか頼り切るようになってしまい、彼との対話をほとんどせず、成績の振るわない部下ばかり指導していました。

ある日突然、彼は退職してしまいました。

彼は最後まで和やかな表情で、引継ぎをしてくれましたが、最後の人事面談で「私自身も吉田さんに相談したいことがあったのに時間を取ってもらえなかった」と言っていたそうです。

どんなに成績がいい部下でも悩みはあるものですし、話したいこともあるでしょう。**できるからと言って放置するのは非常に危険です**。成績の振るわない部下の育成に力を入れるのは大切ですが、同時に**優秀な人にも目配りをする**ようにしましょう。

また、仕事量の配分にも注意が必要です。優秀な人は責任感も強いことが多いですから、つい無理をしてしまうこともあるでしょう。

仕事は大きく分けると三つの領域に分かれます。

1. **安心ゾーン**……ほぼ今の自分の力量で一〇〇%近くできる仕事
2. **挑戦ゾーン**……負荷価値でいうと一一〇%の仕事で、知識を身につけたり工夫すればできる仕事
3. **混乱ゾーン**……負荷価値でいうと一五〇%の仕事。今のスキルや人員・予算などの経営資源を鑑みるとかなり困難を極める仕事。

パワハラの類型である「過大な要求」に入るのがこの3.の仕事です。ブラック企業でなくても3.の仕事をお願いしてしまうケースがあります。頼まれるのは優秀な部下です。優秀な部下は仕事をやり遂げられないことを非常に嫌います。

そこで、多少無理をしてでも仕上げようとするのです。結果、気づいた時には心身が疲弊してしまっています。

特に最近はテレワークなども導入され、社内にいればこの社員は遅くまで残業をしているなということが一目瞭然ですが、テレワークですとメールの配信時間などからしか把握できません。

できる社員が働きすぎているのに気づけないのです。意識してできる社員を見ていくことを心掛けましょう。「彼とは人間関係が良好だし、モチベーションも高いから大丈夫」と思っていても、実際にその部下が病気になったりした場合、家族や周囲の人がパワハラと訴訟してくる可能性はゼロではありません。

7 部下から上司へ、逆ハラスメントを受けたらこう対応しよう

ハラスメントは立場の強い者が弱い者に対して行う嫌がらせの行為です。会社の上司から部下、対外的に言えば発注先から請負先へ行われることが代表的です。ところが最近はハラスメントや下請けいじめの問題がクローズアップされたこともあってか、部下から上司、請負先から発注先へのハラスメントも増えてきています。

上司側もハラスメントの責任を負わされないだろうかと心配になって叱れないというケースも増えています。

ここで私が相談を受けた方の事例をもとにお話ししていきます。

営業で結果を出していた三〇代後半のAさんは、横浜支店から大宮支店に課長として移動しました。課のメンバーは全部で一二人でした。メンバーの三分の一は年上です。なかでもCさんという非常に口が達者の年上の仕切り屋がいました。声が大きく

影響力はあるのですが、目標に対してはいつも八〇～九〇％の達成率でした。

Aさんが着任する前月までチームは一年近く未達成が続いていました。前任のEさんは、転職してしまったため、引継ぎは書類のみでした。

就任後、最初のミーティングでAさんはチームに檄を飛ばします。しかし、全員反応はイマイチでした。このチームのキーマンはCさんだとわかっていたので、さっそく面談をすることにしたそうです。

A「これからよろしくお願いします。チームを立て直していきたいので、協力してください」

C「えッ、今のうちの会社の商品力で行けると思うんですか？（……笑いながら）精神力だけでは無理ですよ。なんか方策あるんですか？」

Aさんは事前にこのチームの問題点は、顧客との面談数が圧倒的に少ないこと、面談後の成約率が低いこととデータから仮説を立てていたので、その旨を話し、まずは商談数を増やそうと提案すると、「そんなことすでにやってますよ。今さらアポ取りなんて時代遅れですよ。問い合わせが来るように施策を打たないと」と返してきて、そのまま立ち上がって部屋を出て行ってしまいます。

A「まだ終わってないんだけど」
C「こんな話、してても仕方ないじゃないですか。提案資料作るんですよ」

Cさんがかなり反抗的なことにしびれを切らして、Aさんはつい「なんで最後まで話を聞かないんだよ」と声を荒げてしまいました。それに対して、「Aさん、それパワハラじゃないですか」とニンマリ。

他のメンバーもCさんの顔色を窺ってか、Aさんに素っ気ない態度です。何か言うと「パワハラじゃないですか」と返してきます。

このように上司のちょっとした叱責をパワハラだと騒いで逆に脅すケースも増えています。職場に長く在籍するというより、居心地の良さを大切にしたいあらわれでしょう。年功序列制度の崩壊による年下上司vs年上部下の構図が増えていることも要因でしょう。

しかし、何でもかんでもパワハラだとしたら、上司は委縮して何も言えません。適切な指示も出せず、会社の生産性を脅かします。このままにしておくわけにはいかない部下から上司に対する悪質なハラスメントです。

このケースではまずは入社した経緯、今までで一番良かった時のこと、モチベーションの源泉、モチベーションが落ちている理由など、Cさんの状況をよく調べます。しかし、事例のAさんは四面楚歌の状態ですから、チームメンバーには聞けません。**この場合、上司（Aさんの場合は支店長）に聞くことです。**ハラスメントされていることは、課長としては恥ずかしいことであり、できれば隠しておきたいことですが、相談しないわけにはいきません。

そのうえで、Cさんの情報を仕入れたうえで、**気持ちに寄り添ってまずは話してみることです。**

「Cさん、エリアを何度も異動させられていたのですね。投げやりな気持ちになりますよね。私だったら辛いです。でも、今後はCさんのエリアは固定しますし、Cさんにマネジメントを補佐してもらいたいんです。営業の極意も伝授していただきたいのです」

と「私」を主語にしてティーアップ（褒めて持ち上げることです）してお願いしてみましょう。きっとわかってくれるはずです。一回で諦めずに何度も話しましょう。

それでもだめなら、上に掛け合って異動してもらうのもありです。

逆ハラスメントは増え続けています。**決して怯《ひる》むことなく、誠実な気持ちで接する。**

そのうえで、**上手くいかなければ他の人の力を借りましょう。**心身を害さないためにも、管理職なんだからと一人で抱え込まないことが重要です。

8　打ち解けたいと思っているのはあなただけかもしれません

フェイスブックやインスタグラムなどのSNSでは、仕事の時には見えないプライベートの部下の顔を見ることもでき、距離も縮めやすいかと思います。

「A君はサーフィンをやっているんだ」「B君は休みの日は推理小説を読んでるんだ」「Cさんは英会話スクールに行ってるんだ」などの情報を知ることができるので、部下との雑談のネタになります。

リーダーAさんは、部下との距離を縮めようとSNSで友達申請を送って交流を図ろうとしていました。部下がサーフィンをしている写真をアップすると、「海はいいね」と、学生時代の仲間とおしゃれなイタリアンに行っているのを見ると、「美味しそうだね」などと休みの日でも構わず、コメントを入れます。

Ａさんは、部下から親しまれていると思いきや、そんなことはありませんでした。むしろ休みの日まで四六時中見張られているような気がして嫌だと思われていました。部下の立場に立ってみてください。あなたの上司の社長が休みの日まで、「いいね」やコメントを入れてきたら、ちょっと息苦しく感じるのではないでしょうか。特に二〇〇〇年代前半より前に上司になった人は、自分が部下だった時に、ＳＮＳがなかったので、ＳＮＳに関する部下の視点にまで立てる人は少ないかと思います。

さらに、Ａさんはそれ以外にも部下を励ますためにもＳＮＳはいいと思っていました。「そういえば異性の部下Ｅさんが先日のミーティングで奥歯にものが詰まった言い方をしていたな。何なら聞くぞ」「Ｆさんは最近、ちょっと元気ないな。疲れ気味なのかな」と仕事が終わってから「お疲れ様。今日は頑張ったね。ゆっくり休んで」とメッセージします。電話じゃなくてメッセージなら、距離も縮められるしと思ったのです。

「Gさんのお客様への来週水曜日の提案で役に立てそうなことを思いついたから送っておこう」とメッセージ。「忘れないうちに」「今ひらめいたから」送るわけですが、感謝されるどころか嫌われてしまいます。

手軽に連絡ができるメッセージだからこそ、つい使ってしまうのがSNSです。しかし、メッセージを受け取った相手は喜んでいるでしょうか。

「いや、俺は部下から好かれてるから大丈夫」と反論をしようとした方、おそらく思い込みでしょう。

物分かりのいい上司と思っているのは自分だけで、面倒くさい上司と思われているかもしれません。

一方のリーダーBさんは、部下とは基本的に連絡は取りません。従って、SNSでもつながりません。

実はSNSをやることはもう一つリスクがあります。「誰かだけを特別扱いしている」という噂になってしまう可能性があるのです。

特に女性は誰かが特別扱いをされているのに敏感でよく気が付きます。さらには特別扱いをされている人も「周囲の人に嫌われたくないのに」と迷惑に思います。

ＳＮＳはあくまでも会社で規定されている「仕事用」のみを使い、プライベートとはしっかり分けるようにしましょう。

メッセージを送る時は、受け取る側のことを配慮して、業務時間外にはメッセージは送らないようにしましょう。

9　LINEを使う時の注意点

日本国内だけでも、ＬＩＮＥのユーザー数は八、四〇〇万人（二〇二〇年三月調べ）にもなります。

日本の人口の実に六八％が利用するアプリです。これはただアプリをインストールした人の数ではなく、一度でも利用したことのある人の数です。二〇一九年一月のデータなので少しずれますが、日本経済新聞の紙版と電子版の合計購読者数が二九四万人ですから、実に二八・六倍です。

小さな子ども、それにスマホを持たない高齢者などを除けば、ほとんどの日本人が毎日ＬＩＮＥを使っていると思って間違いありません。普及していることや、便利な機能のため、仕事にＬＩＮＥを使っている人も少なくありません。

しかし仕事でＬＩＮＥを使うことによって起こるハラスメントも実は少なくありません。ここではハラスメント防止の観点から仕事でＬＩＮＥを使う際の注意点を三つ挙げていきます。

1 送る前に受信側になりきって読んでみる

テレワークの導入や対面を避けることで、文字によるやり取りが増えました。対面ならば表情が見えるので少しくらいぶっきらぼうでもいいのです。

しかし、ＬＩＮＥの場合はメール以上に文章が短くなるので、受ける側が不安に感じないか、イライラしないかを把握しましょう。また先に述べましたが、複数の解釈をされる可能性がある曖昧な言葉や体言止めは使わないようにすることです。

ＬＩＮＥはメッセージを取り消すことができますが、もしかしたら送った瞬間に相手が開いてみてしまうかもしれません。あるいは相手が見る前に消したとしても削除の後はなんだか気になり、余計な詮索をしかねません。

2　社内で使うならグループLINEをベースにする

個人のＬＩＮＥを使うとビジネスとプライベートが混ざってしまい、よくありません。ただし、グループで使う場合は、誹謗中傷などは禁止します。

またやり取りが続いた場合、遅れて見た人が情報を見落とさないためにも、「見ていない方のためにまとめますと……」といった交通整理の文章を入れるようにしましょう。

3　締めつけすぎない

「既読したらすぐ返す」など絞めつけすぎのルールにするのはやめましょう。

「何だ、あいつ返信ないじゃないか」「まだ既読にならないのかよ」とイライラの元になります。なお、休日や深夜にメッセージが来ても、よほどの急ぎの状況（クレームなどのトラブル）以外は返信しないことです。

これはメールでも同じですが、話が間違って伝わりそうであるとか、やり取りが何往復にもなりそうな場合は電話してしまいましょう。スタンプに関しましては、賛否がありますが、私はいいと思っています。時に文字だけより気持ちが伝わる場合もあります。柔らかさも出ます。

10 年齢・性別・国籍によるハラスメントをしないように注意しましょう

年齢に関する発言は褒めたつもりが差別になる可能性もあり、注意が必要です。

例えば、二〇代の部下に**「若いのに言葉遣いがしっかりしてるね」**という発言は「若い人は言葉遣いがなっていないはずだけど、しっかりしてるね」という意味になります。言った側は褒めているつもりかもしれませんが、言われたほうからすると差別になります。

逆のパターンで若者が高齢者の方に**「七〇代なのに、エクセルをそんなに使いこなせるなんてすごいですね」**と言ったとしたら、相手は「年だからとバカにしやがって」と思うでしょう。

前者の場合なら、「言葉遣いがしっかりしてますね」、後者の場合「エクセルをそんなに使いこなせるなんてすごいですね」だけでいいのです。わざわざ年齢について触れる必要はありません。

そもそも**属性を出すのは差別に当たります。**

他にも代表的な例として、**「性別」「学歴」「国籍」なども注意が必要**です。

「女性なのに遅くまで頑張っているね」「女性なのにそんな重いバッグ持って大丈夫？」と気遣ったつもりが差別になるので注意が必要です。

前者は「女性は仕事に一生懸命にならないもの」「女性は男性と同じ仕事ができないもの」ととられる可能性があります。

特に後者でしたら、気遣いがあり、相手によっては「気を遣ってくれているなあ」

と思うかもしれませんが、差別ととる人もいます。

「女性」と限定せず、次のような言い方に変えましょう。

○「遅くまで頑張っているね」

○「バッグ、重そうだけど大丈夫？」

同じ言葉を男性にかけることもあるので、これなら問題ないでしょう。

×「高卒なのに異例の抜擢だね。すごいね」

○「異例の抜擢だね。すごいね」

×「ベトナム人なのに日本語上手いね」

○「四字熟語とか詳しくて、すごいね」

11 みんなの前ではなく一対一で褒める

褒めることはいいことであり、以前は叱る時は一対一がいいが、褒めるのはみんなの前がいいと言われていました。

しかし、**褒めるのも注意しないとハラスメントにつながる場合があります。**

かつて私が見たのは、「結果が出ない影響力のある部下」が嫉妬心を持ち、褒められている部下に対して陰で攻撃をする、あるいは他のメンバーを巻き込んで無視をしたりして、居づらくさせてしまう姿でした。

人は認められたいという特徴があり、存在まで承認されないと、落ち込んでしまいます。物理的には傷つけなくても、心を傷つけるのはハラスメントです。

ここでは、優秀な若手営業マンC君を事例にしてお伝えしていきます。

C君は、常に営業成績ダントツで若手のホープと言われ、リーダーも将来の自分の後継者だと思って楽しみにしていました。

決して驕ることなく、人一倍見えないところでも努力を積み重ねていました。

アピール上手というよりは、本当に仕事が好きなようでした。

彼の上司であるリーダーのAさんは、彼の努力や功績をみんなの前で褒めたたえていました。謙虚な性格で最初は控えめに笑顔を見せていたC君もいつしか、どことなく表情が翳《かげ》り始めているのが気になったこともありましたが、Aさんはあまり深く考えませんでした。

そして、昇格の候補に選ばれた頃、C君から突如、退職をしたいとの申し出を受けます。びっくりしたAさんは、次のように言います。

「びっくりしたな。どうしたんだ？　もしかしてどこかからヘッドハンティングでもされたのか？」

それに対してびっくりするような回答が来ました。

「ヘッドハンティングではありません。まだ次の職は決まっていません。会社に居づらくて……」と声を振り絞ってAさんは言います。

「でも、こんなに頑張って評価されているじゃないか」とAさんは、何も気づきません。

その後、言いにくそうにC君が答えてくれました。みんなの前で褒められていると、やりづらいということでした。

Aさんはびっくりでした。

確かに叱る時は、みんなの前は避けて、一対一で叱るべきなのはわかっていたが、褒める場合は、みんなの前の方が喜ぶのではないかと思っていたからです。

もちろん、人によってはみんなの前で褒められるのがいいと言っている人もいるでしょう。

しかし、できるならそのような人に対してでも一対一で褒めるようにするほうがいいでしょう。

最初はみんなの前で褒められることに誇りを持っていた人も、いつしか嫉妬され、「私ばかり褒められてなんだか居づらいな」と思うようになることが多いからです。

事例のC君もそうだったのです。

部下が育つリーダーは、みんなの前で優秀な部下を褒めません。むしろ、成績が苦戦していたり、あるいはパフォーマンスの上がらない部下がいいことをしたりした時こそ、皆の前で褒めます。

特にそのような部下に対しては、褒めるところがないかプロセスを細かく見ています。

このような褒め方をしていると、一方でみんなの前で褒められない優秀な部下が不満を持つのではないかと言う方もいらっしゃるかもしれません。

しかし、それは一対一で個別に褒めていれば問題ありません。優秀な部下こそ、全体のバランスをよく見ています。その鋭い観察力があるから、いいパフォーマンスを導き出しているともいえますが。

そもそも優秀な部下は月や期、年単位で表彰されることも多いものです。その時にスポットライトを浴びせれば、不満も出ません。

チームのひずみが崩れるのは、あまりパフォーマンスはよくないけど影響力のある部下から始まることは少なくありません。リーダーは、全員を公平にきちんと見ているよということを示していく必要があります。

どうしてもパフォーマンスのいい部下は褒める回数が増えてしまいますが、あまり皆の前では褒めないように注意しましょう。

優秀なリーダーの中には、皆の前で褒めたらそれを正の字にしてノートに書き、バランスよくしようとしている人もいます。影で褒めた回数を入れると偏りが出てしまうかもしれませんが、皆の前では同じ頻度を意識していきましょう。

12 上から目線に感じられる言葉を使わない

先ほども書きました「逆ハラスメント」は、部下から上司へのハラスメントですが、どちらかというと年上の部下のように立場が強い人や、ロジカルに言い負かす人、業績をあげている優秀な部下が加害者になることが多いものです。

年上の部下、業績を上げている人に対しては、上司が褒めることで気分を害することがあります。

具体的な言葉を見ていきましょう。

×「感心しました」

目上の人に「感心しました」という言い方をすると、「偉そうな言い方だな」と思われてしまうかもしれません。国語辞典で調べてみると、「感心」とはすぐれている、立派であると心を動かされることと書かれています。

例文として「見事な技に感心する」「約束を覚えていたとは感心だ」「感心な心がけ」と、相手を評価する目線です。仮に部下であっても、年上の部下に使うと、反発されるかもしれないので使わないほうがよいでしょう。

「感心しました」と目上の人に伝えたい場合は「感銘を受けました」というへりく

だった言葉がいいでしょう。

×「見直したよ」

評価する言葉ということでいえば、「見直したよ」は相手にとっては気分を害する言葉です。前がダメだったと暗に示している言葉だからです。前に書きました「今日は」と同じ意味です。わざわざ使う必要のない言葉なのです。

×「今日のプレゼン素晴らしかったね。○○君見直したよ」
○「今日のプレゼン素晴らしかったね」

「さすが」「すごいね」を単独で使うのは控える。具体的なひと言をプラスする。

「さすが」「すごいですね」と言った褒め言葉は、ストレートでわかりやすいですし、使う人も多いでしょう。手前味噌になりますが、私自身も女性に言われると、テンションが上がります。

しかし、相手が部下の場合、「何を偉そうに」と感じます。「さすがだね」は上から目線に感じます。上から目線に感じる言葉は、相手が部下で年下であっても使わないほうがよいです。

抽象的でおべっかを使っているのではないかと感じるかもしれません。バカにしているのではないかと、とる人もいるかもしれません。

実は取り扱い注意の褒め言葉なのです。

× 「さすが○○さんですね」

○ 「○○さん、普通なら三日かかるのを前日にお願いしてできるなんて、本当素晴らしいなと思いました。どうしたらそんなに速いスピードでできるのか教えていただけますか」

× 「○○さん、九カ月連続の目標達成すごいです」

○ 「○○さん、九カ月連続の目標達成すごいなと思いました。差支えない範囲で秘訣を教えていただけますか」

まずは、褒める時は「私」を主語にしたI《アイ》メッセージで、

「○○と思いました」

「○○と感じました」

「勉強になりました」

と相手に伝えます。そのうえで、教えを請うのです。「教えてください」という言葉はそれだけで相手にリスペクトしている旨が伝わります。

相手が年上、役職が高いなど問わず、**『I《アイ》メッセージで感想を伝え、教えを請う』**という方法を癖にしておいてはいかがでしょうか。

第2章

問題が起きる前に まず聞き上手になろう

1　人は思っているほど相手の話を聞いていない

最善の考えを発見するために聞く

人は「自分の話を聞いてくれる人」に好感を持つものです。しかし、たいていの人は、相手の話をしっかり聞けていないものです。

話を聞けていない要因として、「次に何を言おうか」ばかり考えていて集中力が欠如しているというケースが多くあります。

「次に何を言おうか」と考えていると、脳は「話を聞く」「次に言うことを探す」が並行されたマルチタスク状態になります。マルチタスクでは聞いたことが頭の中に残りません。聞いていないということです。

部下の話を聞く時は、**自分の考えを通すためではなく、最善の考えを発見するため**

に、意見を聞こうと、情報を仕入れるような気持ちで聞くといいでしょう。

間違っても評価しようという上から目線のスタンスで聞いてはなりません。評価しようという考えが、耳の中をシャッターで閉ざしてしまうことになります。優越感を示そうと、話を聞きながら、「相手を正してやろう」と、心のなかで反論を組み立てたり、話し手を困らせる質問を考えてはなりません。

「今、ここにいる」を意識して集中する

評価しないで聞く方法として、むしろ自分の考えを否定する証拠を探しながら聞く方法があります。たとえば、新商品のキャッチコピーを考えていて、ターゲットに当てはまる女性部下に相談する時は、「私の立てたキャッチコピーは、三〇代の女性に響くものではないのではないか」と、自分が間違っていることを証明するための証拠を探ろうとして聞くのです。

先に述べたように、しっかり聞くためにも、「次に何を言おうか」といった雑音はシャットアウトする必要があります。

自分の内なる声を黙らせ、今ここに集中するのです。集中することで、マルチタスクではなくシングルタスクになります。結果、相手の話を聞き漏らすこともなくなります。

しっかり傾聴することで、寛大な精神と視野の広さも身につき、リーダーとしてより魅力が出てきます。

特に1on1面談や会議の際は、何を話そうという気持ちになって「心ここにあらず」になるのではなく、「今ここにいる」を意識して集中しましょう。

一人ひとりと過ごす時間から最大限のものを引き出すうえで欠かせないことです。解決策の提案をするのではなく、ヒントを仕入れようと考えることで集中できるのではないかと思います。

「聞き上手」になるためにも、思っている以上に、自分は相手の話を聞けていないと常に意識しておきましょう。

2 相手が話しにくくなる相づちは使わない

悪い相づち、いい相づちを心得ておこう

「聞き上手」になるには、相づち上手になる必要があると耳にしたことはあるのではないでしょうか。相づちは相手の言ったことに対して反応をしつつも、適正な言葉を考える時間にもできて非常に有用です。私自身、相づちを使うことによって、即否定したりしないようになりました。

しかし、相づちもいいものと悪いものがあります。相づちの場合、思わず「ひと言」出てしまうということもあるので、より注意が必要です。

つい使ってしまいがちな、相手が話しにくくなる相づち

①「でも」「どうせ」「だからさぁ」

否定的な相づちの代表格です。部下のやる気を奪う「３Ｄワード」とも呼んでいます。これらの否定ワードを使うと、会話がそこで終わってしまいます。意識して使っているわけではないけど、癖になっている人は少なくありません。注意が必要です。

②「そうかなあ」

意見に対してあからさまに反対、話を聞く気がないと暗示している相づちです。馬鹿にされているのかなと感じさせてしまいます。

③「そう思うんだね」「そうですか」「なるほど」

同意も反対もしない相づちです。

不快感を与えることはありませんが、どこまでわかってもらえているのか、これからどうすればいいのかがはっきりしないので、言われた部下側からすると、モヤモヤ

が残ります。

確かに否定ワードを使わないのはいいことですが、決して同意でもないので、次にプラスアルファの言葉が必要です。感想、これからどうするか、ねぎらいの言葉を出しましょう。

④「○○けど」

「いいけど」が代表的な言葉ですが、本心は同意ではない、「よくない」「○○ではない」という意味にとられる可能性があります。仮に否定はしていなくても不満に思われてしまう可能性があり、危険です。「妥協」の意味合いに感じられます。

「もう少し濃い茶色にしてほしかったけど（こんな色じゃ、満足できないんだよ）」

↓この色では不満足なのかなと思ってしまう。

「やるのはいいけど（俺の責任じゃないからな。責任はとれよ）」↓責任を逃れようとしているのかなと思ってしまう。

「どうせコンペには勝てないだろうけど（勝てるはずがない）」→やるのがムダだと言われてるのかなと感じてしまいます。

⑤「まあ、いいか」「それでもいいよ」

まだまだ満足な状態とは程遠いけど、妥協しているよと暗に示されている感じがあります。

⑥「で？」「それで」「何？」

あなたの話は内容がない、要領が得ない、何を言いたいのかわからない。だから、これ以上は話さないでほしいというメッセージに取られます。

次に相手が話しやすくなるよい相づちをご紹介していきます。

相手が話しやすくなるよい相づち

①「はい」「えー」「そう」「まぁ」

話しやすい雰囲気をつくります。注意点としては、相手の話すスピードに合わせることと、「はいはいはいはい」「ええええええ」などのように同じ言葉を繰り返さないことです。

三回以上、相づちを打つのは、否定の意味にとらわれます。「わかったから早く話を終わらせてほしい」「一応聞いておくよ」といった意味にとられてしまうのです。

②「それから」「それでそれで」

相手の話をさらに引き出したい時に使うといいでしょう。この相づちを使うことで、部下に対して「この話には興味があるよ」との合図になります。

③「おもしろいね」「興味深い話だね」「その通りだね」

相手は自分の話を肯定してもらった、賛成してもらったと感じます。

④「それは困ったね」「大変だったろう」

部下に悩みを相談された時、まず大事なのは部下の気持ちを受け止めることです。「それは困ったね」と気持ちをこめて言えば、部下は「この上司は味方だ。考えてくれている」と信頼を寄せてきます。今後、報連相《ほうれんそう》もどんどん上がってくるでしょう。

⑤「そんな考え方があったか」「そうくるか」「驚いたね」

真逆の意見を受け止める時に使います。

部下が出してきた意見が自分と真逆のものであっても、一蹴してしまっては、部下は反感を覚えます。

「せっかく出したのに。一蹴されるくらいなら、今後は出さないほうがましだ」と無力感を抱かせてしまうかもしれません。

3　話題を奪う人にならない

人は自分の話を奪われると面白くない

かつて私は会話泥棒の常連でした。たとえば、相手が「最近、祖父母と京都に行ってきたんですよ」と言えば、「京都いいですね。私も年に五回くらい行ってますよ。仁和寺と上賀茂神社が特に好きです。いいですよね。あ、おばんざいなら○○というお店がお薦めですよ」と話し始めて気づいたら三分なんてことも。相手の顔が曇っていて気づくこともありました。

人はそもそも自分が話したいという特性があり、話を奪われると面白くありません。

他にもこんなエピソードがありました。かつて私は起業したばかりの頃、読書会を開催していました。読書会ではお互いに最近読んだお薦めの本を五分で紹介します。

人の好みはそれぞれで、色々な気づきが得られ、有益です。皆、自分の好きな本はまるで自分をPRする、面接試験のような勢いで紹介します。熱がこもっています。

ある日の出来事です。トップバッターで、常連のAさんがいつものように、おススメ本を推薦しました。自己啓発の本で、Aさんの本は元気をもらえる本なので、いつも紹介の後、私も購入してしまいます。

今回も熱のこもった紹介です。五分間の後、その本に関して聞きたいことがあれば、参加者が質問するという時間を設けていました。この時間がいい意味で、ヒートアップするのです。ただし、ヒートアップというのは対立ではなく、和気あいあいとした笑いのある雰囲気。皆が読みたくなるのです。

しかし、いつもと違うのは、Aさんの紹介が終わったあとに初参加のCさんが意見を出した後のAさんの表情でした。

Cさんは挙手して、「その本って米国の○○（著者名・書名）がルーツですよね。

まずは○○を読んだほうがいいですよ。本質を理解できますよ」と提案したのです。

その後も、「中国古典を読んだほうがいい。あの理論は本流ではない」などと、他の人の発表でも意見を出します。


非常に場が暗くなりました。最後にCさんは、「なんか物足りない感じがしますね。やはり各々が別々の本を紹介していたらあまりまとまらないですよ。一冊テーマ本を決めてのほうがいいと思いますよ」と主催者の私に言ってきました。

Cさんは二度と参加することはありませんでした。私は他のメンバーのことを考えて、出入り禁止にしたのです。

相手の気分を害するような否定意見は慎む

良かれと思ったアドバイスは、聞き手からすると必要なものではないことも多いものです。人は教えたがりな面を多少なりとも持っています。教えることで自分の承認欲求が満たされるということもあります。

だからこそ、常に人の話を奪わない、相手の気分を害するような否定意見は慎むようにすることです。相手の勧めに対し、よく聞きもせず、別のものを勧め返すというのは、「私はあなたの勧めるものに対して興味がありません」つまり、あなたに興味がありません」と言っているのと同じような意味です。

あるいは「あなたを認めていません」「あなたとは違います」と言っているようなものです。

Cさんは善意のアドバイスをしたつもりだったのかもしれませんが、いきなり違いをアピールして優越感を示されてしまうと、相手も気分がよくないでしょう。

もし仮にどうしても他のものを薦めたい場合、優越感を示しているように思われないように注意しましょう。先ほどのケースなら「面白い本ですね。その本をお好きなら、似た本で○○という本も読んでみると気に入っていただけるかもしれないなと思います」と言えばいいのです。

相手の意見を認めたうえで、断定せずにあくまでも押しつけでなく、私の考えという形式にしているので、相手も受け入れやすいでしょう。

4 質問したからといって、相手は話を聞きたいわけではない

答は知りたいが、長くなるのはイヤ

この項目の見出しを見て、違和感を感じた人がいるかもしれません。相手は話を聞きたいから質問したのではないのかと反論したくなる気持ちはわかります。「相手が話を聞きたい」というのもある意味正解だし、「話を聞きたくない」というのも正解である。なんだかわかりにくいなと思った方に向けて、書き換えると、**「相手は質問の答えは知りたいけど、長々と話を聞きたいわけではない」**ということです。

つい、質問をされると、相手は自分の話を聞きたいのだなと思って油断すると長々と話してしまいます。質問されるくらいだから、「この人は知っていそう」「解決のヒントをもらえそう」だと相手は思っているのであり、当然聞かれる側も得意な分野です。

得意な分野はいくらでも話ができる。だからこそ危険なのです。

たとえば、野球の話が好きな人は一晩中語れるといいます。陶芸でも釣りでも歴史でも、ビジネスの分野でもそうでしょう。つい多く語りすぎてしまうのです。

私はできるだけ簡潔に答え、長くなりそうな時は、「長くなったなと思ったら途中で止めてください」と前置きして場を和ませてから「簡潔に」を意識して話すようにしています。

それでも長くなったら「長くなって失礼しました」とお詫びをひと言入れるようにしています。

「あの人に相談するのはいいんだけど長くなるからな」とどこかで言われているのかもしれません。意外に部下があなたに報連相に来ない原因は、そこにあるのではないでしょうか。

得意な話こそ調子に乗って話しすぎないように注意しましょう。

5　物わかりのいいふりをしない

安易に同感しないで最後まで聞く

他人との距離をよいバランスで保つには**「同感」ではなく「共感」**することです。同感は相手の気持ちと同じということであり、共感は相手の気持ちに寄り添うことです。

たとえば、部下が相談してきたことに対して、「わかるよ。俺もそんな経験があるよ」と同感したとします。

一見、部下には喜んでもらえるように見えて、実は信頼をなくす可能性があります。**「わかるよ」が危険なのは、同じ紹介をしたとしても、自分の価値観や考え方がまったく同じということはないからです。**ですから、本当は「同感」という状態になることはないのです。「聞いた側」の勝手な思い込みにすぎないのです。

また、「わかるよ」という言葉は、「私はそのことについてあなたよりわかっていますよ」という優越感を示す言葉でもあります。相手からすると、違和感が残るでしょう。

こういったケースでは、最後まで聞いたうえで、「自分も似た経験があって、こんな感じかな？」と仮定して聞くのがいいでしょう。「同じではない」という前提をもって聞くようにしましょう。

また、部下の話がうまくまとまっていない時、終わらないうちに「つまり、こういうことか」「要するに○○だろう」と要約するのもよくありません。

一般化して要約してしまうと、実はその後に続く内容が違うものであるケースも少なくありません。また、「そんな簡単にまとめないでほしい」という気持ちにさせてしまうかもしれません。そもそも話を遮られて嬉しい人はいないでしょう。

人は自分で話しながら内容を整理する場合もあります。ですから、聞き手としては、最後まで聞くことが重要で、安易な同感は信頼を失くします。

同じように、「それってこういうことだろう」と決めつけて、「こうすればいいんだよ」というのもNGです。簡単に評価しすぎないことです。

6 「なぜ」で問い詰めない

「ロジック・ハラスメント」という言葉が生まれました。ロジックで相手を追い詰めるハラスメントです。もちろん論理的に考えることは大切です。しかし、時に根拠があいまいなこともあります。

リーダーは部下より経験も知識も豊富であることが多いゆえに、部下の論拠が曖昧であったり、稚拙に感じることも少なくありません。

「なぜを五回繰り返す」ように推奨している企業もあり、その影響もあるでしょう。

もちろん、掘り下げていくのは悪いことではありません。しかし、「なぜ」は自分に対してのみ使うことです。

ある会社の部長は部下と上手くコミュニケーションがとれないと悩んでいました。そのうちに部下が自分から近寄ってくることも少なくなり、業績が悪化していた影響もあってか、優秀な課長がここ半年で二人も退職してしまっていたのです。

その企業で管理職向けに1on1面談をやっていた際、部長と話したところ、「どうも『なぜ』という言葉をよく使っている」と判明しました。

「なぜ」はデンジャラスワードであり、言われた側は追い詰められていると感じます。

次の二つの例文を比べてみてください。

A「なぜ、納期に間に合わなかったのか教えてもらえるかな？」

B「納期に間に合わなかった原因って何かな？」

実はこの二つの質問の意味は同じなのに、Bのほうが圧迫感を感じないと思います。

「なぜ」を「何」に変えても同じ意味になるのです。

「なぜ」と言われると「人」に焦点を当てているので責められているように感じるのに対し、「何」ならば「出来事・モノ」に焦点を当てているので、いったん自分と切り離して冷静に考えられるのです。

ですから、「何」と聞きましょう。

また、理由は後づけになることもあります。むしろ今後は予測できないことも多くなるでしょう。コロナ禍だって想像していませんでした。正解がわからず、理論的に考えても解決ができないことも増え、感性が重視されてきてもいます。直感で案を出し、後から理由づけをするというケースも増えてくるでしょう。しかし、人から見ると稚拙で適当、論拠が曖昧と突っ込みたくなることもあるでしょう。

相手は追い詰められた感じがあればあるほど、答えられなくなります。弱い立場である部下は「すみません」を繰り返すだけかもしれません。そこに輪をかけて「謝っ

てほしいわけじゃないよ。俺は理由を聞きたいんだ」と返したら、それこそロジハラ成立です。

論理的に話すのが苦手な人もいるし、それ以上に追い詰められている時は、思考がストップしてしまいます。

部下が論拠や意見を出しにくそうにしている場合は、次の三つの方法がいいでしょう。

1 「たとえば」と質問してみる

「たとえば、両親にこの商品をプレゼントするなら、どんな付加価値が欲しいと思いますか」

これは、「両親にプレゼントする」という具体的な場面を想定して、消費者の立場に立った商品のアイデアを問いかける質問です。部下もこれなら答えやすいでしょう。

このように、会議やミーティングがマンネリ化して意見が出なくなった時、「たとえば」を使って具体的な場面を想定するように仕向けて質問していくと、聞かれた部下の頭は柔らかくなり、メンバーもそれに沿って考えることができます。

2 「一つだけ挙げるとしたら」と質問してみる

一つだけ挙げればいいのだと、心理的に負担を軽減します。「間違っていてもいいから、論拠を考えてみよう」という言葉もいいでしょう。不要な心の負荷は取り除いてあげることです。プレッシャーを与えても思考をストップさせてしまうのでは意味がありません。

3 ポジションチェンジトークをする

部下に対してなら、「もし君がリーダーの立場だったとしたら、どうするだろうか」という聞き方です。部下に上位者としての視点で考えてもらうことで、思考の幅が広がり、育成効果も狙えます。新人教育をお願いするなら、「あなたが新人だったとしたら、何を学びたいか？　何に不安を感じるか？」とポジションを変えて考えるように推奨します。

追い詰めることでハラスメントになりやすくなります。考える癖をつける、論拠を探し出す、意見を出してもらうことが目的であって、追い詰めることは目的ではありません。相手が答えやすい質問を意識する必要があります。

7 「最近どう?」「何でも聞いて」はNGワード

質問は大きく分けると、クローズド・クエスチョンとオープン・クエスチョンの二種類に分かれます。クローズド・クエスチョンとは、イエスかノーで答えられる質問で、話の初期段階、事実や内容の確認をする場合に使うのに適しています。

クローズド・クエスチョンは、つい質問者の意図や答え方が出てしまい、使い方によっては圧迫感を与えてしまうこともあります。

それに対し、オープン・クエスチョンはイエス・ノーではなく、考えや状況に合わせてさまざまな答えを相手が返せる質問です。圧迫感を感じさせません。

しかし、部下と出会ってから日が浅く人間関係がしっかり構築できていない場合は、質問する場合でも注意が必要です。

よく使ってしまう「最近どう？」という聞き方は特に避けたほうがいいでしょう。この質問は一見、部下を気遣っているように思えますが、漠然としていて答えにくい質問です。

部下に言葉をかける時には、オープンクエスチョンの範囲を限定し、「大丈夫です」「問題ありません」という回答ができない聞き方をすることです。

○「C社の案件、今どこまで進んでいる？」

○「データの入力、何件終わった？」

などのように数字など答えをしやすい質問にするのもいいでしょう。

また、リーダーのなかには部下に「何でも聞いて」と安心感を与えようとしている人がいます。ある研修に参加したリーダーAさんのことです。「何でも聞いて」と言っているのに、部下は質問に来ないと嘆いていました。

一見、親切であり、メンバーに気を遣っているようですが、メンバーにはそのありがたみが伝わらないかもしれません。

これには二つの理由があります。

一つ目は、「何でも」と言うのは非常に答えにくいのです。幅が広すぎて、何を聞けばいいのかがわからないのです。

この場合、

「来週水曜日の会議資料のつくり方の件でわからないことがあれば聞いて」と範囲を限定するのがよいのです。

二つ目として考えられるのは「下手なことを聞いたら怒られるのではないか」とリスクを感じ、何も言えなくなっている危険性があります。ですから常に聞きやすい雰囲気をつくる必要があります。一つの手法として、時に会議などでリーダーがわざと稚拙な質問をするのも手です。

8　報連相《ほうれんそう》はこうすれば上がってくる

自分が質問したことに対して、もったいぶって**「そのうちわかるよ」「今はまだ言えないな」「○○さんは知らなくてもいい話だから。自分の仕事に集中しよう」**という言い方をすると、言われたほうとしては疎外されたような気持ちになるかもしれません。

「今はまだ話せないんだけど、二四日の経営会議では情報が入ってくると思う。月末までには話せると思うよ」といつになったら話せるのかを伝えます。

あるいは、情報そのものを公開できないのなら、たとえば**「インサイダーになってしまう」「内部情報だから公開できない」**と伝えましょう。

自分のほうが知識がある、情報が入ってくると優越感を示しても、何の意味もありません。尊敬されることもないでしょう。むしろ詳細を教えてもらえないと上司に対して不信感を抱き、報連相が上がってこなくなる可能性も出てきます。

研修などでもリーダーの悩みの上位に上がってくることの多いのが「報告」「連絡」「相談」です。この悩みはここ一〇年いつも上位にいます。

報連相がなかなか上がってこない理由は二つです。

❶ どのタイミングですればいいかの加減がわからない

報告や相談のタイミングがルールで決まっているというケースは少ないでしょう。多いのが、クレームなどの悪い報告は「できるだけ早く」ですが、整理してからしようという人もいます。

❷ 部下が怒られ損と考え、リスクを避けてしまう

悪い報告や相談が上がってきた途端に、リーダーが怒ってしまう、ハラスメントの危険性がある場合、どうせ怒られるなら報告しなくてもいいやと部下も思うかもしれ

ません。また、相談して解決できればいいですが、リーダーに言ったところで解決しない場合、相談しなくなるかもしれません。

ここで解決策として、あるリーダーEさんがやっていたお話をします。Eさんは、報告や連絡が遅れたことを叱るのではなく、報告や連絡があったその時点で部下を承認します。

○「おお、その報告を待っていたんだ」
○「連絡を待っていたんだ」

報告・連絡・相談をできるだけ早くと叱っても、本人には堪えないでしょう。むしろ何度叱っても変わらないことで、怒りを爆発させ、ハラスメントをしてしまう危険性もあります。

しかし、「待っていた」と言われると、報連相はリーダーにとって重要なものなんだと認識します。報告してきたことを評価するのもいいでしょう。報告のモチベーションも高まります。

しかし、そうはいっても悪い報告が来ると、ついイライラをぶつけてしまうというリーダーは、悪い報告をもらったら儀式を行うようにしましょう。

具体的には、トイレに行ってくる、コーヒーを買ってくると言って席を外し、部下の見えないところで、心を落ち着かせることです。儀式が終わって、心を落ち着かせてから聞くのです。

それには報告や相談が上がってきた際、**「いい報告？　悪い報告？」**とヒアリングするといいでしょう。

9　部下から文書を受けた時にやってはいけないこと

部下から提案書や報告書を受けた時、次のように全否定していませんか。

×「ありきたりの企画だな。やり直し」

×「一行見ただけでダメと思ったよ。やり直し」
×「ひどい文章力だね。読む気になれないよ」
×「報告書一つ作れないの？」
×「誤字だらけで読む気がしないよ」

このような文書に対してのハラスメントを「テクスチュアル・ハラスメント」と言うそうです。稚拙な文書が出てくると、確かに怒りたくなるかもしれません。受けた側からすると、読むのに時間がかかっています。しかし単に否定するだけでは何の解決にも至りません。

かつて在籍した会社で、何でも否定から入る部長がいました。幸か不幸か私の部署ではなかったのでやり取りをすることはありませんでしたが、彼の部署ではいつも何で稟議書にこんな時間をかけなくちゃいけないんだよとぼやいている人もいました。

乱暴な言い方かもしれませんが、書類を整えることは利益を生むわけではありません。むしろ、何度もやり直しをさせていたら、部下の「時間」というコストの浪費になります。

たしかに、部下より経験も知識も豊富な上司からすると、部下の作ってきた文書や提案の内容、伝え方に不満を感じることはあります。しかし、全否定をしてはなりません。

いい方向に導いていかなければなりません。

何よりもまずはムダに時間をかけないことです。もしかすると、否定グセのある人は、相手に対して「優越感」を示そうという気持ちが心のどこかにあるのかもしれません。自分はキミよりすごいんだということを示さなくても、相手はリスペクトしています。

誰かが相談してきた時に、自分の意見を示さなくてはいけないと思っているのと同様で、何か修正のフィードバックを必ずしなければならないとの強迫概念があるのかもしれません。修正することで自分の存在をより示そうと思っているのかもしれませんが、修正は必ず必要なわけではありません。

本当の目的は文書を提出すること、提案を実行することであり、目的を見失わないようにする必要があります。

では、部下から文書を受けた時にどのように対応すればいいかについて解説していきます。

1 まずはねぎらう

この文書を作成したり、企画を考えたりするのに、部下も時間がかかったのは間違いない事実です。

○「かなり詳しく調べてきたね」

○「これ作るのに時間かかったろう」

と、まずは時間をかけて提出してきたことをねぎらいましょう。

最初にねぎらいから入ることを意識しておけば、「否定する習慣」は卒業できます。

同じ内容なのに、Aさんの文書はすんなり受け取るのについBさんの文書にはダメ出しをしてしまうという人は、Bさんの文書を受け取る時は「否定しないようにしよう」と強く意識しておくことです。

２ よかった部分を伝える

以前に流行った「ウォーリーを探せ」のように悪い点ばかり探そうとする意識がある方は意識していい部分を探すことです。未熟な中にもよかった部分はあるはずです。これを指摘することで、部下も報われるでしょう。

先によかった部分を指摘することで、足りていない部分の話も積極的に耳を傾けてくれるでしょう。「ダメ出し」ではなく積極的に「ヨイ出し」をしていきましょう。

３ 次への方向性を示す

ダメで終わらせるのではなく、次にどうすればいいかのアドバイスをしてあげましょう。アドバイスしたら部下が自分で考えなくなるという人もいますが、そんなことはありません。ヒントは与えてあげましょう。なお、誤字などはその場所をきちんと指摘することです。考えさせても時間の浪費だけです。そのうえで、文章力を高めてほしいなら、「この本を読むといいよ」と伝えましょう。

また落ち込みやすい部下には「よし、これで行こう」「ここを直せばＯＫだよ」と前向きな気持ちになれるようなひと言で締めるようにします。

10 セカンド・ハラスメントをしていませんか

「俺はハラスメントなんかしないよ」と思っているリーダーが知らずにやってしまっている可能性があるのがセカンド・ハラスメントです。

セカンド・ハラスメントとは、パワハラの被害者から相談を受けた際に、相談者が悪いのだと責めたり、相談したことでよりいじめが酷くなるなど二次的なハラスメントを言います。

ハラスメントの被害者に対し、さらに嫌がらせを行ったり、被害をもみ消すことはハラスメントに該当します。

子どものいじめと変わらず、残念ながら大人になっても誰かをいじめようとする人はいます。「いじめられた方が悪い」なんて言う人も以前はいましたが、**ハラスメントに関しては加害者は一〇〇%悪い**といえます。

もちろん被害者に落ち度はあるかもしれませんが、それは話し合ったりすればいいことで、ハラスメントをしなければいいだけです。

加害者がやらなければ、ハラスメントは生まれないはずです。

相談に乗る上司側からすると、ハラスメントが起きていたことは、マネジメント力が欠如しているともいえ、それを認めたくない気持ちもあるでしょう。

しかし、被害者だって勇気を持って相談に来たわけです。きちんと耳を傾けましょう。

ここでのポイントは二点です。

1 守秘義務をしっかり守る

部下が相談してきたことは、本人の同意がなければ第三者に伝えてはなりません。秘密は守らなくてはなりません。

口の軽い管理職は信頼されなくなります。誰かに伝えたことによって、よりパワハラが酷くなっては本末転倒です。

ただ相談者本人に危険が及ぶ場合は、同意なしで第三者に伝えても構いません。

誰かに話すことによって、本人の心が整理され、解決策も浮かぶこともあります。

まずは聞くことが大切です。

2 相談者を傷つける言動をしない

何よりもやってはいけないのは相談者を傷つける言葉です。

×「あなたにも問題があるのではないですか」

×「仕事なんだからしょうがないでしょ」

×「本人も悪気はないと思いますよ」
×「気にしすぎですよ」
×「はっきりと断ればいいじゃないですか」
×「もっと早く相談に来ればよかったのに」

相談者は自分で断われない、解決できないから相談に来ているのに、このように言われたら何も言えなくなってしまいます。

まるで相談者が悪いと決めつけた言い方です。先ほども書きましたが、もちろん被害者に全く責任がないわけではありません。

また、ハラスメントの加害者はたいてい被害者より立場が上なことが多いです。業績が上であったり、あるいは先輩、直属ではなくても役職が上の場合もあります。

ハラスメントをした相手が、相談を受けたあなたよりも立場が上であったり、業績をあげていて、つい気を遣ってしまう存在かもしれません。

大げさにしないようにと、単に励ますのもよくありません。

×「気の持ちようだよ」
×「そんなの、よくあることだ」
×「大して気にすることないよ」

一見元気づけているように見えるこれらの言葉は、言った本人としては、「落ち込むほどのことはないよ。大したことはないよ」と励ますつもりで言っているのかもしれません。確かにほっとする人も多いでしょうが、「この人はわかってくれない」と残念に思う人もいるかもしれません。

そもそも大したことがなかったら相談なんてしていないわけです。

「大したことかどうか」を判断するのは相談した側です。

「そんなのよくあることだよ」と一般化、「大したことない」と陳腐化してしまうのはどこかに、「あなたより私のほうが上だ」ということを示す「優越感」が隠されているのかもしれません。

こうした発言に対して、受けた側が拡大解釈をとると、「あなたの悩みは取るに足らない」「レベルが低い」と言われているのではないかと取る人もいるかもしれません。

相談した被害者である部下は、大きなショックを受けるでしょう。そもそも困っているから上司である「あなた」に相談に来ているのです。これこそ二次被害、セカンド・ハラスメントです。セカンド・ハラスメントをした場合、後ほど責任を問われる可能性があります。だからといって、責任を追及されるのかと悩む必要はありません。傾聴すればいいのです。

こんな時は、まず**「そうか」「つらいよな」と、相手の気持ちに寄り添いながら、最後まで聞くのがベスト**です。誰かに話しているうちに頭の中が整理され、自ら解決策が見つかるということも多いものです。

そのうえで、まだ解決方法が見つからない場合は、「私が思うには」「あくまでも私の意見だけど」と限定してアドバイスするといいでしょう。

もしアドバイスが見つからない場合、あるいはリーダーか第三者の介入が必要な場合は、ためらわずに**法務部**や**管理部**を交えて対策をとるようにします。

ただし、被害者への報復や二次被害が起こらぬように細心の注意を払う必要があることは言うまでもありません。

第3章

ハラスメントにならない頼み方

1 「何を伝えたか」ではなく、「どう伝わったか」がすべて

「伝えたつもり」が「伝わっていない」

部下に仕事を頼んだけど、思ったものと違うものが出来上がった。頼んだ内容と違うことをされた。こんな経験はありませんか。

部下「来週のプレゼンの資料が出来上がりました」
上司「おー。出来上がったか。お疲れ様。（資料を見て、眉間にしわが寄る）あれ、このデータおかしくないか。どこから取った？」
部下「営業部の業績報告のフォルダーの一年前のものから取りました」
上司「ダメだよ。あれは、見込み数字なんだから。管理部に出した最終の報告データから取ってくれないと。前も言ったよな」

部下「すみません（でも、言われたのは初めて。頼む前に教えてほしい）」

実は今回頼んだ部下には営業部の資料に最終の微調整が入るので、管理部に提出した報告書が最終の正式なデータになることを、上司は告げていませんでした。「前にも言っただろう」というのも勘違いで、今回仕事を頼んだCさんではなく前にOさんに頼んだ時、同じようなミスが起こったので言ったのです。

このように頼んだ内容と違う完成物が上がってくると、上司からするとイライラすることもあるかもしれません。ハラスメントの発生につながる可能性もあります。**「伝えたつもり」になっていて、「伝わっていない」のです。**「伝えたつもり」というのは、一方向だけしか発信していない状態、受信できない状態を言います。一方の「伝わる」は、双方向のコミュニケーションが成立しているものです。

「伝える」だけではコミュニケーションは成立しません。

「伝える」と「受け取る」がセットになって、初めて「伝わった」になるのです。

頼む側からすると、これはわざわざ細かく伝えなくても、「わかるだろう」と考えてしまいがちです。

上司は部下より経験も知識も豊富であるがゆえに、こんなことわざわざ伝えなくてもわかるだろうとつい思ってしまいます。

上司部下の関係にとどまらず、お願いする側はたいてい「お願いされる側」よりも、内容をしっかり把握して俯瞰的に見ていることが多いものです。

5W3Hシートを使ってチェックする

どうせわからなければ聞いてくるだろうという思いが出てしまいます。特に日本人は「阿吽の呼吸で」であり、曖昧な「こそあど言葉」と言われる指示語をよく使います。

「あれ、取って」などと頼んできょとんとされたり、違うものを持って来られると

「それじゃないよ」などとイライラした経験は誰しもあるかと思います。

逆に自分が頼まれる側で「あれ」や「それ」と言われて、何のことかさっぱりわからないとか違うものを持って行ったという経験もあるのではないでしょうか。このように、何かを頼んだり伝えたりする時は、相手に「どう伝わるか」を考えるのです。

そのためには5W3Hシートを使って、何か抜け漏れがないかを考えることです。

・When（期限・実施時期・決定時期など）
・Who（決定権者・相手のスキル・理解度・誰に聞けばいいかなど）
・Where（会社名・部署・データや資料のある場所。どのデータを使うかなど）
・What（問題点・商品名など）
・Why（理由・背景）
・How（方法・どう解決したらいいか）
・How much（金額・予算）
・How many（数量）

書き出していくうちに、頭の中が整理されていく効果も望めます。

先ほどの例であれば、どのデータを使えばいいか（データのある場所＝where）を伝えればよかったのです。全部書き出したのちに、これで相手に充分伝わるか、間違った行動をしないかをシミュレーションしながら確認すればいいのです。


いちいちこんなに書いていたら、何かを頼むのに時間もかかって仕方がないし、面倒だよと思われた方もいらっしゃるかもしれません。

そのお気持ちはわかりますが、仮に頼んだのと違うことをされた場合のイライラと、やり直しなどにかかる時間を考えれば、前もって確認しておくほうがいいでしょう。緊急を要する仕事に就いている方でも、使っていただいている方もいます。書き出すのにもせいぜい一分〜二分程度でしょう。

2 なぜお願いするのかを省略しない

「やらされ感」が出ないようにすること

人に何かを頼む時、つい「とりあえず素案をいくつか出しておいて」とか「とりあえず、昨年度の売り上げ上位五商品のリストを出しておいて」などと「とりあえず」という言葉を使ってしまう方もいらっしゃるかもしれません。

私自身かつてよく使っていましたが、この言い方では部下は動きません。「とりあえず」という言葉は言っている側の意図がわからず、「やっても無意味になるのではないか」「ただの思い付きではないか」と思われる可能性があります。

「なぜその仕事をやる必要があるのか」、「どのような背景で仕事をする必要が生じたのか」の「Why」を伝えるのは重要です。この部分を伝えないと、頼まれた側は

「やらされ感」が出てしまうので、やっつけ仕事のように、とりあえずの合格点を目指し、最低限やっておけばいいかとなってしまいます。

頼んだ側からすると、「もっと論点を深掘りしてほしい」「詳細なデータが欲しかった」と思うかもしれませんが、頼まれた側から考えれば仕方ないことかもしれません。「もっと高い意識を持って仕事してくれよ」「丁寧さが足りないよ」などと怒るのは本末転倒です。

あなたが頼まれた側だとして、「とりあえず、プレゼン資料のたたき台を作っておいて」という頼まれ方だと、何だか気持ちが入らず大雑把な資料で済ませてしまうこともあるのではないでしょうか。

頼む相手が「自分ごと」になってもらうためにも、「Ｗｈｙ」（なぜその仕事をする必要があるのか）を伝える必要があります。ここでやってしまいがちなのが、頼む側であるリーダーの視点として、「チームに必要だから」「会社に必要だから」という伝え方です。

「うちの会社にはこの分野のラインナップが足りないから、競合商品を調査して報告してほしい」
「Cさんへの教育担当になってほしい。チームとしての戦力アップになるから」

このように伝えれば、部下も動いてくれるだろうと思ってしまいがちです。確かに、「必要な仕事なんだな」ということはわかってもらえるでしょう。しかし、この頼み方はイマイチです。
「別に私に頼まなくても」「私ばかりお願いされて、Fさんは仕事の量が少ないのに不公平だ」と思うかもしれません。もっと部下の琴線に触れる頼み方をする必要があります。

「なぜ、あなたにお願いするのか」を示すことです。このように書くと、「この仕事といえば、Nさんだろ」「Nさんにだったら安心して任せられるから」と、相手のプライドをくすぐるやり方を思いついた方もいらっしゃるでしょう。もちろん効果的です。

しかし、何度もお願いしていると、頼まれた側も「またか」と思ってしまうのです。

この頼み方は、あくまで「頼む側の視点、メリット」です。

「将来あなたのためになるから」と頼む

上級な頼み方をする人は、

「将来のその人自身のためになるか」という先の視点でメリットを考え、頼みます。

人はそれぞれ仕事に対しての考え方、人生における仕事の優先度合い、将来やってみたい仕事・内容が違うものです。


人生における仕事の優先度合いが低い相手、例えば家族を優先したい人に対して、「俺らの時代は何よりも仕事を優先させてきたぞ。甘いんじゃないか」などと言うのは厳禁です。これこそパワー・ハラスメントです。時代は変わり、言い方は悪いですが、企業のビジネスモデルが人生より短くなっているケースも少なくありません。ですから、終身雇用を前提として「会社のため」と言われても、部下からするとモチベーションも上がらないでしょう。

相手の考えを尊重したうえでの、頼み方にシフトしていきましょう。
ここでは代表的な四つのパターンのタイプの人を例にお話ししていきます。

1　キャリアアップ志向――「この仕事をすることで評価が上がる」

昇進・昇給など、自分自身の市場価値を上げていくことを重視しているタイプであり、比較的頼みやすいタイプです。

この仕事をすることで、評価が上がるということを伝えればいいでしょう。あるいは将来、部署異動したい場合、「**この仕事をやっておくと、将来人事部に行った時に役立つよ**」「**独立した時に役立つよ**」と伝えるのもいいでしょう。

2　リスク回避志向――「安心材料を渡して頼む」

安定を求め、リスクを避けようとするタイプです。失敗することを避けることを第一にしています。

「新しいことにどんどん挑戦していかないとダメだぞ」と言いたいところですが、それではハラスメントへ一直線です。

このタイプの人には**「どれだけリスクが小さいのか」「心配する部分はこれだけだよ」**と、安心材料を渡す必要があります。

また、「今後は全社的に英語の力を求められるから、英語を学んでおいたほうがいい」といった**「やっておかないと、今後困ることになるかもしれない」**という言い方もいいでしょう。

3 チャレンジ志向 ――「リスクはあるが先駆者になることもできる」

キャリアアップ志向と同じく前進していくタイプなのですが、昇進や昇給より「前人未到」「業界初」「難関」といった言葉にやる気を求めるタイプです。

チャレンジ志向の人には、**「まだ誰もやったことのない企画」「リスクはあるけど、うまくいけば業界のなかで先駆者になれるよ」**といった頼み方がいいでしょう。

4 自由志向 ――「あとは任せるから」

他人から指図されたり、束縛を嫌うタイプです。自分でできる裁量が大きいかどうかでやる気が変わります。

自由志向の人は、本人が自分で仕事の進め方を決めたり、工夫したり、アレンジしたりできるようにしてあげる必要があります。

「ここにフォーマットがあるから、この通りにやって」「前回の進行の記録があるから、それに合わせてやって」といった伝え方をすると、途端にモチベーションが下がります。

もちろん、すべてをその人の自由にさせることはできませんが、守ってほしい大枠や条件、期待値を伝えたうえで、**「あとは任せるから」**と、投げてあげましょう。なお、同じことを伝えるにしても、「この辺りは自由にやっていいけど、ココとココは決められた通りにやって」という言い方より、**「この二つのポイントを押さえたうえで、自由な発想で企画を作ってみて」**のほうが張り切ってくれます。

3　伝わらないNGワードを使わない

思った通りに伝わらない要因の一つに曖昧な言葉を使っているということがあります。

先ほども書きましたが、日本人は「阿吽の呼吸」を大事にし、はっきり言わずに抽象的に伝える性質の方が多い傾向もあってか、曖昧な言葉を使う方が少なくありません。

曖昧な言葉は大きく分けると三種類あります。

I　形容詞や副詞

×「広めで」「多めで」「少なめ」「しばらく」「明るめの色で」

たとえば、何かの問い合わせをしたい時、急いでいたり案件が複雑で伝わりにくい場合は、電話をしてしまうこともあります。

現代では電話よりネットでの問い合わせが主流になっており、回線の本数も少なく込み合っているせいか、電話をかけても「ただいま、電話が大変込み合っております。恐れ入りますが、しばらくお待ちになるか、おかけ直しをお願いいたします」というアナウンスが流れます。

この「しばらく」が相手をイライラさせます。「しばらく」という言葉に対して三分なのか、あるいは一〇分なのか不明です。

電話アナウンスに「一〇分お待ちください」と入れると、「一〇分も待たすのかよ」と逆にクレームになる可能性もあるので、この「しばらくお待ちください」としか入れようがないのですが、できるだけ数字で表現したほうがいいでしょう。

五分などの数字を示すことで、「じゃあ、また後でかけ直そう」となり、相手には丁寧です。

Ⅱ　複数の解釈がある言葉

×「なるはやで」「今月中で」「午後イチで」

よく使いがちな言葉ですが、これらも複数の解釈をされる可能性があります。

仮に土日が休みの会社だとして、今執筆している二月を「二月中」とすると、二月二八日は日曜日です。ですから、二月二八日（日）の二三時五九分に提出しても「二月中」で、遅れではありません。

ところが、頼んだ側がテレワークで土曜日に作業をする予定だったとしたら、二月二六日（金）の二三時五九分までに提出してほしいところです。金曜日の午後に作業をするのならば、同じ二月二六日の一二時までに欲しいところです。

このような曖昧な言葉をなくすためにも、二月二六日（金）の一六時までとか、一つの解釈しかない状態にしておきましょう。

×「一〇件反応がありました」

部下から先週お送りしたメールでのキャンペーンの案内に対するレスポンスの数の報告を受けたとします。この場合、数字は明確です。しかし、報告を受けた側からすると、曖昧さが残ります。この場合、分母と分子の両方、二つの数字が必要なのです。

二〇〇件送ったうちの一〇件なのか、五〇〇件送ったうちの一〇件なのかにより、今後の施策が大きく変わるからです。

Ⅲ　具体的に行動に移せない言葉

×「細心の注意を払って」「目立つ色を選んで」「丁寧に」「説得力のある言葉で」「強い意識を持って」

これらの言葉をつい使ってしまっている方はいらっしゃるのではないでしょうか。でも果たしてこう言われたほうは具体的に行動できるでしょうか。「細心の注意」といっても、具体性がありません。「目立つ色」といったって、主観性によって異なります。赤がいいと言う人もいればピンクがいいという人もいるわけで、ぼやっとしています。

何かを頼む際には、自分が頼まれた側に立ったと考え、相手がその言葉で動けるかを事前に確認をすることです。

4 「指示」ではなくて「相談」する

リーダーのあなたは、新年度のカタログの校正を三人のメンバーとやっていましたが、どうも間に合いそうにありません。期日まで残り少なくなり、他の業務を担当しているCさんにも協力してほしいとお願いします。

頼まれた側のCさんからすると、次の二つの言い方のうち、どちらのほうが気持ちよく引き受けられるでしょうか。

①「Cさん、明後日は一日空けといて。カタログの校正を手伝って」

②「カタログの校正が間に合うかどうか微妙なんだ。Cさん、明後日一日手伝ってもらえるかな?」

当然、②の言い方のほうが気持ちよく引き受けようと思うでしょう。

①のような指示・命令だと、「やらされ感」が残るのに対し、②なら主体的に協力しようという気持ちになれます。

私自身、営業マネジャーをしていた頃、月末目標に足りなそうな時、すでに個人目標を達成しているメンバーに数字を積み上げてもらいたく、次のような言い方をしていました。

×「Oさん、チームがピンチだ。あと二〇〇万円つくってくれ」

Oさんとすれば目標は達成しています。それなのに未達のメンバーの分を補わなくてはならない。正論でいえば会社のため、チームのためですが、Oさんサイドからすると、インセンティブが出たりするわけではなく、メリットが少ないわけです。本当は好ましくないですが、Oさんは仮に二〇〇万円の売上げがあるなら、来月に回したいわけです。Oさんとはその後、人間関係の距離が出てしまいました。

次のような言い方をしていたら、Oさんも受け入れやすかったのではないでしょうか。

○「Oさん、チームがピンチなんだよな。どうしたらいいだろうか？」

まさに相談です。

命令形式を相談形式に変えてみると、言われたほうも「頼られているな」と感じます。

命令形式にすると、部下も「やらされ感」を出し、反発してくるかもしれません。反発してきた部下に対してイライラする。ハラスメントが生まれる可能性が高まります。

ちょっと言葉を変えただけですが、受け取る側は全然変わります。

何かを頼む時は「相談」するようにしましょう。頼まれた側も気持ちよく仕事してくれるので、パフォーマンスも大きく変わるでしょう。

5　難しい仕事はこう頼む

以前、研修の企画書をコンペに出したいので作成をお願いしたいと頼まれた時のことです。

何と納期は三日後です。その仕事だけに集中すれば何とかなるかもしれませんが、他にも仕事が入っており、あっという間に提出日になってしまいました。

その日は別の研修が入り、二一時にやっと帰宅。

「あと三時間か。やるしかないけど、間に合わないかもしれないな」と一瞬悲観的に考えました。「仮に今日の二三時五九分に間に合わなくても、さすがに明日の朝七時くらいまでに提出すればいいだろう」と勝手に期限を延ばしても大丈夫と解釈しました。

明日の朝までだったらだいぶ時間があると考え、コーヒーを淹れたところ、ふと「今日中なのに明日の朝送るのは納期遅延だろう。さすがに深夜で見ないかもしれないけど、信用を無くすかもしれない」と思い直しました。

「あと三時間か。間に合わないかもしれないけど、やるしかない」と楽観的な考えになったのです。すると、以前同じような企画を出したことを思い出し、何と二時間で完成できたのです。

その後、メール送信し、就寝。翌日朝七時にメールを開いてみると、朝の四時過ぎに「お忙しい中、期限に合わせてお送りいただきありがとうございます。確認します」という返信が届いていたのです。

朝の七時に送っていたら、四時の時点で「期限を守ってもらえなかった」と悪い印象を与えていたかもしれません。


悲観的なものの見方より、楽観的なものの見方のほうがいいのです。

先ほどのケースで浮かんだ自分の考え方を二つ並べてみます。

① ×「あと三時間か。やるしかないけど、間に合わないかもしれないな」

②〇「あと三時間か。**間に合わないかもしれないけど、やるしかない**」

両者を比べてみると、最後の言葉が重要だということがわかります。

たとえば、今まで頼んだことのない仕事をお願いするとしましょう。

①×「このプロジェクトはやりがいもあり、自分自身の成長にもつながると思う。だけど失敗する可能性もある」

②〇「このプロジェクトは**失敗する可能性もある。でもやりがいもあるし、自分自身の成長にもつながると思うよ**」

この場合も、最後にポジティブな要素がある②のほうがいいでしょう。「終わりよければすべてよし」という言葉がありますが、最後の言葉は印象に残ります。**ポジティブな言葉で締める**ようにしましょう。

①の言い方ですと、「失敗する確率が高い」ということばかりが頭の中に残ります。

褒める時も同様であり、「**先に褒めてから叱る**」と、**叱られたことが強く印象に残るのに対し、「叱ってから褒める」と、褒められたことが強く印象に残ります。**

① ×「この企画、面白い視点だね。でも予算を考えると現実味がないかな」

② **○**「この企画、**予算を考えると厳しいかな。でも面白い視点だね**」

同じ内容を言っているのに、①は「予算がないと言いたいけど、一応面白いと言っておこう」という考えなのだと相手にとられる可能性が高くなってしまいます。

②の場合は、「予算の問題はあるけど、上司も賛同してくれたんだな」と前向きな気持になれます。

①の場合なら、「もうこの企画は無理だろう」と思ってしまうのに対し、②なら「予算の問題さえ解決すれば実現できるかもしれない」と前向きに予算の問題をクリ

アしようと考えるのではないでしょうか。

6 部下の責任をゼロにしない

上司としては、部下の成長につながるから仕事を任せたい。

それなのに、部下が「できません」「自信がありません」と言ってきたら、「せっかくチャンスを与えているのに」と言い返してしまいそうです。

そんなとき、以前の私はこのような言葉を使っていました。

×「そんなこと言っていたら、いつまでたっても成長できないぞ」
×「君のためを思って任せているのに、やる気があるのか」
×「俺が君たちの頃は、何でも引き受けたぞ」

こんな言い方をして押さえつけようと精神論に走ったら、それこそパワハラ認定確実です。

部下にこのように言われたら、「できないか」「自信がないか」と、まずは部下の言ってきた言葉を「そう思ったんだね」「自信がないか」と受け止めることです。

受け止めると受け入れるを混同される方がたまにいらっしゃいますが、受け止めるというのは賛成か反対かを示さず、いったん相手の意見を聞くことです。

一方で、「受け入れる」は相手の意見に賛成することです。

受け止めるのでしたら「迎合」ではありません。部下は自分の意見を聞いてくれたのだなと思います。受け止めたうえで、「自信がないのはどのあたり？」という聞き方をします。

その後、具体的に自信がない部分が明確であれば、対話しながら解決を図っていきます。

一方で、明確に答えられない時は、「ちょっと一緒に考えてみるか」と話しながら、仕事を分解していきます。

今度は、部下が「できません」と言ってきた場合です。

「何を言ってるんだよ」と言い返すのではなく、期待を言葉にして伝えましょう。

「君には期待しているよ。将来の営業部のエースになる存在だと思っているよ」

期待は伝わりますが、これは言い過ぎです。

そもそも「できない」と言っている人間ですから、プレッシャーに押しつぶされる危険性もあります。

大げさな上司に「押しつけているだけだろう」と不信感を持つかもしれません。

現在、好調で自信を持って仕事を進めている部下でしたら期待感を伝えるのもいいのですが、悪い状態である部下に期待を伝えるのは無理があります。

このケースなら、

○「君ならできると思っているから、任せたんだ。報告さえしてくれれば結果の責任はこちらが負うから」

と重い責任を負わなくてもいいと気持ちを軽くしてあげましょう。

なお、このケースで「責任はすべて俺が取るから」というのは、よくありません。

責任は大きく分けると、報告責任・遂行責任・結果責任の三種類があります。

報告責任は、状況をきちんと報告する責任であり、遂行責任はやり遂げることであり、結果責任は、実行した結果に対する責任をいいます。

このうちの最後の結果責任以外の報告責任・遂行責任は一緒に部下と負うということを示す必要があります。すなわち、**部下にも報告責任・遂行責任は負ってもらう**のです。

そうしないと、「やらなくてもいいのか」「責任がないから適当にしよう」と考えるかもしれません。

責任は軽減するが、ゼロにしてはいけないということです。

なお、遂行責任は最後までできなくても正当な理由で状況報告があればいいとします。

7 部下はリーダーとしての言葉を聞きたいのです

「部下が考えた企画を上司に提案したが、NGになった」

「上層部の判断で昨日指示した内容を大きく変えなければならない」

「目標を上方修正しなければならなくなった」


リーダーとしてはどれも部下に伝えたくないかと思います。

こんな時に「俺はいいと思っていたんだけど、部長がダメと言うから」「俺も反対だけど、上の指示だから」という伝え方をしては、部下から信頼されなくなります。

自分の意見を前置きすることで、「わかってくれよ」と言いたいのかもしれませんが、まるで逆効果であり、このリーダーは力がないんだなと思われるだけです。

もちろん、リーダーの権限には限界があるし、事の発端はリーダーでないところにあることは部下もわかっています。

しかし、「自分のせいではないから」ということを暗に示すこの言い方は、部下からすると「リーダーがいる意味ないじゃん」と思わせてしまいます。

ルール違反ですが、最悪あなたを飛び越えて、あなたの上司に直談判する部下も出てくるかもしれません。

「この人には相談しても意味がないな」と部下が必要最低限しか報告や相談が来なくなるかもしれません。

ネガティブな内容を伝えるのは辛いかもしれませんが、**伝え方によっては部下に信頼されるチャンス**です。しかし、日本人には阿吽の呼吸があり、はっきりしない遠回しな言い方でもよしとする文化もあります。

伝える側にとっては一見よいように思えるものの、理不尽なことに対しては、曖昧な伝え方をしていたら、信頼を失いかねません。

仮に上司が決めたことで、納得がいかないことでも、リーダーは自分の言葉で伝える必要があります。リーダーは「上司の言葉」を「自分の言葉」に置き換える翻訳家の役割も持っています。

「部長は現場のことを見ていない」ではなく、
「今回利益が減少したことで、予算が削減になってしまったので、プロジェクトの優先順位が下がってしまったんだ。今は難しいけど、下期になったら、予算のことを鑑みながらまた企画を一緒に考えてみようよ」

と伝えましょう。

「自分の感情」＋「未来に向けての言葉（どこを直せばいいか、どのように取り組んでいくか）をしっかりと伝えましょう。

第4章

ハラスメントしないための心得

1　まずは信頼関係の確保から

部下にこのリーダーに話しても大丈夫という心理的に安全な場をつくる

ハラスメントにならない話し方をするにはまず、相手の話を聞くことが重要になります。しかし、ただ「聞こう」と言っても、部下は話してくれないでしょう。

大切なのは、「部下がこのリーダーに話しても大丈夫」という心理的に安全な場をつくること、いわゆる「心理的安全性」を確保することです。

「心理的安全性」はグーグルが、チームを運営する際に、重要な要素としています。

チームの心理的安全性とは、

「チームメンバーが、安心して対人リスクを取れるという共通認識を持っている状態であり……ありのままでいることに心地よさを感じられるようなチームの風土である」（『一兆ドルコーチ』　エリック・シュミット、ジョナサン・ローゼンバーグ、アラン・イーグル著、櫻井祐子訳、ダイヤモンド社)。

グーグルが行ったチームを成功に導くカギに関する調査でも、心理的安全性は筆頭に挙がっているそうで、この「心理的安全性」は大変注目されています。

そもそも部下が話しても大丈夫と思わないのは、思っている以上にリーダーとの信頼の土台が築けていないことが要因です。

私がコンサルティングをしていた会社にAさんとBさんというリーダーがいました。Aさんは、非常に重厚なイメージで、ハキハキしています。部下に弱みを見せることなく、チームを引っ張るタイプの頼もしいタイプのリーダーでした。隙が全くありませんでした。

一方のリーダーBさんは、柔らかい表情でどちらかというとお茶目なタイプです。もちろん、ここぞという時には大きな力を発揮します。

今回のコロナ禍でテレワークが導入されました。ここで大きく差が出たのです。導入以前は同じくらいの業績だったのが大きくBさんのチームが勝りました。メンバーの活動量が大きく違っていたのです。

テレワークが始まった時、孤独感を感じたり、あるいは慣れることができず、モチベーションも生産性も低下してしまったメンバーがほとんどでした。Aさんは、「気を引き締めていこう。何かあれば相談に乗る。今の時期に頑張れば、むしろ他社に差をつけることができるチャンスだ」とメンバーを情熱的に鼓舞します。

自分から愚痴・弱気を見せて相談しやすい雰囲気にもっていく

一方のBさんは、まずメンバーがテレワークに慣れるようにすることと、一人ひとりの業務の悩みを解消することを優先しました。そのためにも悩みを言っても大丈夫と感じてもらうように「心理的安全性」を確保することから始めました。

リーダーがある時から、「なんか悩みはないか。何でも言っていいぞ」と突然言っても、部下は「本当かな、大丈夫かな」と信じないと思い、ビックリすることに、Bさんは愚痴を言ったり、自分の欠点を自己開示し始めたのです。リーダーが愚痴を言うなんてと思われた方もいらっしゃるかもしれません。もちろん、愚痴のなかには悪いものもあります。具体例を挙げると、会社や他の人の悪口、誹謗中傷です。

しかしよい愚痴もあるのです。たとえば、「テレワークでずっと家にいると腰が痛くなるな。だから体操が欠かせないな」「お昼を食べに行くところがなくてさ。一つ隣の駅の吉野家まで行っているよ」「昼過ぎになると眠気との戦いだよ。毎日コーヒー五杯飲んでるよ」といったホロッとした気分になるような愚痴なら全然いいことです。

「いや、テレワークになってから、業務の進み具合がイマイチだな」などと自己開示するのもありです。もちろん改善の努力はしなくてはなりませんが、弱気な「まいったな。売上をどうあげていけばいいだろう」という問いかけも「もうしょうがないよ。売上なんていいよ」という敗北宣言のような問題発言でなければいいでしょう。

本人を励ますつもりのアドバイスも毎回だと辛くなる

人間は感情の動物と言われています。弱気になっている人には、こちらも弱気などころを見せるのも効果的です。

時には叱咤激励も必要ですが、Aさんのように、「そんな弱気でどうする。人生もっとポジティブに生きなきゃ損だぞ」「つらい時こそ仕事に打ち込め。そうすればおのずと道は開けてくる」と本人を励ますつもりのアドバイスも毎回受けていると部下には辛く感じるでしょう。

本人を励ますつもりで、こういったアドバイスをするのはわかりますが、部下自身も「ポジティブに仕事に取り組んでいこう」という気持ちは持っています。

持ってはいるのですが、感情に流されてしまうこともあるのです。実際、リーダーのあなたでも、他の人の目がないテレワークで、つい休憩を多くとってしまった、インターネットサーフィンをしてしまったということもあるのではないでしょうか。

テレワークの例に限らず、相手の状況に寄り添うことも必要です。

「相談しやすい雰囲気」にしていると、部下がどんどん相談に来るので、部下の情報も把握できます。また、同じ出来事であっても、Aさんは悩まない、Bさんは悩むというように、人それぞれ違いがあります。ですから、一定の部下が相談に来るからといって、自分は相談しやすい雰囲気をつくっていると思うのは危険です。

何よりリーダーは自分で思っている以上に部下に対して「圧」を感じさせています。

部下からすると、リーダーは評価する権利も命令権もあるわけですから、当然です。

ある会社でリーダーと一般社員に研修をしたことがありました。

先に中堅社員向けに研修をした時、「リーダーに圧を感じますか？」と質問したところ、何と八割の方が「感じる」と回答しました。

その後、同じ会社の管理職研修で質問したところ、「圧」を感じさせていますかと聞いたところ、六割以上の人が「感じさせていない」と回答しました。

これだけ違うのです。

リーダーの方は思っている以上に、「圧」を感じさせています。

役職だけではありません。

私自身、見かけは「圧」がないような人間だと思っていました。

確かに以前はパワハラ上司で問題がありましたが、その後克服して現在は講師やコンサルタント活動をしています。

しかし、ある講演のアンケートで、「講師に圧迫感を感じました」という回答がありました。知らぬうちに年齢を重ねて「圧」が出来上がっていたのです。

私は柔らかい表情だし、フランクな感じで話すからと思っているのはもしかすると自分だけかもしれません。いつまでも若いつもりでしたが、年齢も重ね、三〇代の研修の受講者にとっては圧を感じさせてしまうようになっているのかもしれません。

リーダーと部下の関係も同様です。「話しても大丈夫」という雰囲気をつくるように強く意識していきましょう。

2 テレワークの導入で、よりハラスメントが増えている？

曖昧でなくはっきりした伝え方をする必要性が高まった

テレワークが導入されたことで、戸惑っているリーダーの方は少なくないと思います。アフターコロナになってもこの流れは変わらないでしょう。根底にあるのは、今までの対面の時のような「阿吽の呼吸」が望めなくなったことです。第三章の「伝え方」のパートで詳しく触れましたが、曖昧でなくはっきりした伝え方をする必要性がより高まりました。

さらに一番の問題となっているのは、メンバーをマネジメントしにくくなったことです。今までは会社の中で様子を見られましたが、そうもいかなくなりました。もちろん、出勤時間がなくなり、時間や心身の疲弊などがなくなり、より能率的に仕事をして成果を出せるようになった人も多いでしょう。

その一方で、ついだらっとしてしまう人も正直なところ多いでしょう。こんなことを書くと、人によってはお叱りを受けるかもしれませんが、人間の特性上、ある意味仕方がないかと思います。ただそうはいっても、目標達成など成果は出していかなければなりません。むしろより成果を求められる時代になりました。

性善説でも性悪説でもなく、性弱説で考えればいい

だらっとしてしまうのはある程度仕方ないと書きましたが、それでも成果を出すように部下を導かなければならないのは変わりません。こう書くと、より厳しく管理しなければならないと思われたリーダーの方もいらっしゃるかもしれません。マイクロマネジメントするための監視ツールが売れている様子から見ても、人はサボるもの、手を抜くものという「性悪説」で考えてしまう人もいるでしょう。

私が初めて部下を持った頃、メンバーそれぞれの活動エリアが非常に広かったため、週に二回程度しか顔を合わせることができず、一日に何度も報告をもらうようにしていましたが、かえって業績は下がってしまいました。

人は監視されればされるほど、モチベーションは下がります。

だからといって、無理に「性善説」で動こうとするのも難しいでしょう。ストレスは溜まります。すなわち、性悪説で動けば、マイクロマネジメントをしなくてはならず、リーダー自身もストレスが溜まる、性善説でも同じです。

「性善説」でも「性悪説」でもなく「人は弱いもの」ととらえ、一人でいるとつい流されてダラダラしてしまう**「性弱説」**で考えればいいのです。リーダーも部下も弱いものと考えるのです。

「監視」ではなく、「お互いの弱さを補完するもの」とし、ポジティブな位置づけでチャットやオンライン会議ツールで報告をしあったり、時には雑談し合ったりするように仕向ければいいのです。上司も部下もお互い様の気持ちを持っていきましょう。

そうすればお互いにリスペクトをし、乱暴なメールを送ったりすることもなくなるでしょう。メールで伝えるには重すぎるなと思う場合は電話やＺｏｏｍにするなど上手く使い分けしていけばいいのです。

3　「常識」という言葉に振り回されていませんか

「べき」「常識」にとらわれるとパワハラにつながることも

メールを送っても返信が遅いＣさんに、リーダーは腹を立てていました。

もう送ってから二時間が経過しています。

テレワーク中でもあり、Ｃさんがサボっているのかと疑心暗鬼になっています。

ようやく、それから一時間経って、メールが返ってきました。

「なぜ返信がこんなに遅くなったんだ。できるだけメールは早く返すべきだろ?」と思わず声を荒げてしまうリーダー。

Cさんいわく、急ぎの提案資料を作成していた後、見込みお客様との面談が長引いてしまったため、返信が遅れたとのことでした。

もっと段取りよく仕事をしろというのは、ここでは置いておき、問題はお互いの「べき」がずれていることです。そもそも昔のような終身雇用制の時代と違い、昔から生え抜きでいるメンバーばかりでなく、転職組も増えました。

また、かつてのように同じテレビ番組を見て、同じようなスポーツを観て育ってきた時代ではありません。アマゾンの「ロングテール戦略」を代表するように、それぞれが違う趣味を持ち、違う娯楽を味わいながら育ってきました。

それだけではありません。外国人の方が日本で働くケースも増えてきました。日本にいると、宗教の影響はあまり感じないかもしれませんが、外国の方は宗教上などの理由で食事の制限などがある方もいらっしゃいます。

つまり、皆、「常識」は違っているわけです。

また、日本人は詰め込み教育の影響で何が正解かを気にする人が多いものです。ですから、「べき」「常識」という言葉を使う人が多い傾向にあります。

もちろん、開始時間を守る、責任のある言動をするなど、守らなくてはいけないこともあります。しかし、規則でがんじがらめにするのはどうかと思います。以前、コンプライアンスを重視しすぎたあまりに、営業活動が少なくなってしまったという企業がありましたが、これでは本末転倒です。

「どちらが正しい」でなく「あなたも私もOK」と考えよう

今回のコロナ禍などにより、先行きが不透明になりました。ですから、あまりにも「べき」「常識」という枠にとらわれていると、新たな発想ができなくなってしまいます。

そして、何よりも「べき」の違いが怒りというパワハラにつながる感情の要因であることがほとんどです。

最初の例にも書きましたが、「メールの返信はいつまでにするべき」かというのは、人それぞれ違います。たとえば、注文やクレームを受けるカスタマーセンターのように、できるだけお客様に早く対応する必要のあるポジションならば、一分でも早い対応がベストでしょう。

一方で、デザイナーやライター、技術者などクリエイティブな仕事をされる方であれば、ある程度集中したい時は、メールの返信は後回しにしてしまいます。先ほどの例のように物理的にすぐ返せない場合もあるでしょう。

たとえば質問をメールで送った時、すぐに「質問を受けました。調べて回答します」と返信する人もいれば、回答が見つかって返信するという人もいます。前者の方は、質問を受けたということを早く知らせたほうがいいと考えているのに対し、後者の方は、回答が見つかっていないのにメールをしても煩わしいと思うだけと考えているのかもしれません。

どちらの意見も決して間違いではありません。このように細かく見ていくと、いくらでも人の感じ方、最善の解は違うわけです。それを無理に主張してしまうことで、イライラが生まれるのです。

ですから、「どちらが正しいか？」ではなく「あなたも私もＯＫ」と考えるのです。

仮に相手が自分の考えと違っていても、「そういう価値観もあるよね」と見守ってくれる人には、安心するものです。仕事でもちろん、プライベートも含め、人それぞれ考え方は違います。

ルールがあれば別ですが、それでも解釈が分かれることもあります。

この場合、どちらが正しいかというより、歩み寄る必要があります。**白か黒かをはっきりするのではなく、「相手の考え方も正しい。自分の考え方も正しい」と考えます。**

そのうえで、お互いに歩み寄っていけばいいのです。

「〇〇してほしいのだけど、どうかな」と言ってみる

この**「自分も相手も正しい」**という考え方はハラスメントにつながる「イライラ」を防止するうえで非常に重要です。

不用にイライラしないためには、お互いに歩み寄るようにしましょう。

自分と価値観が違っていても、「あなたなら大丈夫」と、相手の世界のなかでそっと背中を押してくれる人には、大きな信頼感をもち、なんでも話したくなるものです。

共通する問題を解決する時は、譲歩したり、折り合いをつけたりする必要もありますが、相手の話を聞くことから始めましょう。
「自分のことを理解してくれた！」と思えば、あなたの意見に耳を傾けようという姿勢になります。
「今回は自分の意見を通したい」ということもあるので、普段から、戦うより相手を尊重して、味方になっているほうが得策なのです。

そのうえで、どうしても直してほしい点があれば、「**○○するべきだよね**」ではなく、「**○○してほしいのだけどどうかな**」と言ってみましょう。この場合は、理由もつけておきましょう。

個人的には「常識」「べき」という言葉はNGワードにしたほうがいいとも感じています。

4　短期的に怒りを鎮める方法を知っておく

頭の中をクールダウンさせる儀式をやってみよう

昨今では「ハラスメント防止法」の施行によって、パワハラにならないように気を遣っている方がほとんどです。しかし、パワハラは起きてしまいます。それは、ふとした瞬間に起きてしまうのです。

ここでは、ハラスメントの要因となる「怒り」の感情について解説いたします。そもそも怒りの感情はいきなり発生するわけではありません。

怒りの感情が発生するには次の流れがあります。

・第一段階　出来事の発生
・第二段階　出来事に対する意味づけ

・第三段階　感情の発生

まずは出来事の発生があり、その出来事に対する意味づけがあって、怒りが生まれます。ですから、同じ出来事があっても、人によっては怒りの感情が発生する人もいれば、発生しない人もいるわけです。

たとえば部下が期限である二月八日の一八時ギリギリに報告書を持ってきたとします。ここで上司のAさんは、「時間を守ってくれた」と意味づけをします。ですから、怒りの感情は発生しません。

一方、仮にBさんが上司で「期限というのは最悪の設定。余裕を持って出すべきだろう」と考えていれば「遅いだろう」と怒りたくなるわけです。

この意味づけは同じ人が同じ出来事に遭遇した場合でも変わることはあります。よくある例で、あの上司は午前中に案件の相談を持ちかけると機嫌が悪く、あまりＯＫがもらえないけど、夕方前ならば、ＯＫをもらいやすいということもあります。曜日によっても違いはあるでしょう。

これを自分自身で把握しておくことで、この時間帯は気をつけようと意識することもできますが、突発的に避けられない怒りの感情の発生の要因となる出来事に遭遇してしまうこともあります。

また、体調が悪い場合や人間関係があまりうまくいっていない相手に関連する出来事は悪い意味づけをしてしまうことを避けられません。

そこで大切なポイントとして悪い感情が発生してしまったら、実際「怒りの感情を出す」前に、自分の頭の中をクールダウンさせる、いわゆる心を落ち着かせる方法を準備しておきましょう。


クールダウン、頭の中を冷静にするための儀式を行うのです。もちろん、ちょっとの時間クールダウンしたくらいでは怒りが収まらないといった内容の場合もあるでしょう。これは仕方ないでしょう。

ただし、ここで大事なのは怒りの感情を表に出さないことです。そのための儀式を準備しておくのです。

具体的には、**深呼吸する、水を飲む、チョコレートなど好きなものを食べる、身体を動かす、子どもや親、ペットの画像を観る**などです。小さな子供の写真や愛猫の写真を見たら、怒りの感情を爆発させてはいけないと思うのではないでしょうか。

ただ、ここで大切なポイントとして「怒ってはいけない」ということではありません。もちろん異議を唱える、抗議をすることは時には必要です。しかし、**怒りの感情をむき出しにするハラスメントはしない**ということです。

先ほどの例でいえば「もう少し早く提出してほしい」と伝えることは全く悪いことではありません。

5　自分がイライラしやすいのはどんな時か把握しておく

『If-thenプランニング』の方法

前項でイライラした時クールダウンする儀式を準備しましょうと書きましたが、イライラの感情は起こりやすい状況が決まっています。そのためにも、自分がどんな時にイライラしやすいかを把握しておく必要があります。

できるだけイライラするような出来事が起きないようにしようと考えましょう。

心理学で効果の実証された簡単な方法として、『If-then プランニング』と呼ばれる方法があります。「If-then」とは「もしこうなったら、こうする」という意味です。

できるだけイライラしないように、あらかじめ対策を練っておくのです。

具体例を挙げていきましょう。

1 時期を把握する

たとえば、火曜日の朝の会議の後にイライラしやすいとします。この場合、会議後の一時間をシャットアウトし、自分の仕事のための時間とし、仮に自分に部下がいるなら「相談禁止タイム」とします。

相談禁止なんて大丈夫なのかと思った方もいらっしゃるかもしれませんが、そもそも大事なお客様との面談や幹部会議などで相談を受けられない時間帯はあるでしょう。その他の時間に相談をしてもらえば何の問題もありません。

2 場所を工夫する

テレワークが導入され、自宅のリビングにいると子どもが来て騒ぐといった方は、一時間限定で近所のカフェに行くなどもありです。私自身もファミレスなどで執筆をしていて周囲が騒がしくなった時は、そっとほかのカフェに行きます。静かなカフェなどをあらかじめチェックしておくのもいいでしょう。もちろん長居は厳禁です。

その他、イライラは伝染します。テレワークが導入された会社などの影響もあるからか、最近は電車が少し空いてきましたが、それでも急行電車は多少混んでいます。イライラしている人がいないゆったり座れる各駅停車で行こうと決めるのもありです。

会社の中にイライラしやすい人がいたら、そっと会議室に行くのもいいでしょう。ちなみに、かつて私はイライラして当たりやすい上司の時間を把握しておき、月の二○日前後は顧客との面談の時間を多くあて、その場にいないようにしていました。

3 シーンを決める

こんなことが起きるとイライラにつながりやすいというシーンで思い浮かぶものもいくつかあるのではないでしょうか。

たとえば、辛辣なメールを受信した時などです。メールは相手の顔が見えず、言葉の裏にある相手の表情が読めないので、よりずしっときます。仮にあなたが課長だとして部長から辛辣な激励メールがきたことがあって、部下にきついメールを送って失敗してしまったという経験があるなら、メールを部下に連動して送らなければならない場合は、好きなカカオのチョコレートを食べてから連絡すると決めておくのもいいでしょう。

あるいは電話だと落ち着いて話せる場合は、電話にするなど決めておくのもありです。メールで悪いことを伝える場合は、特に注意が必要です。

4 相手との直接接触は避ける

たとえば、兄弟三人がいたとしても、どうもある一人だけが怒られてばかりいるということはよくあります。

同じように、同じ部下でもAさんが同じことをしてもイライラしないのに、Bさんが同じ失敗をしたらイライラしてしまうなんてことはあります。

一のところで挙げた「相談禁止タイム」ではありませんが、なるべく怒ってしまう相手とは接触を避けるのも手です。

社内に限らず、社外もそうです。直接会うという手段をとらなくてもZoomやTeamsなどのオンライン会議ツールを使うという方法もあります。この流れはコロナ禍が終わっても変わらないでしょうから、あの人はリアルよりオンラインで面談をする人と意識づけてしまえばいいだけです。

メールだと何度もやり取りが続くうえに、議論がヒートアップしてしまうという相手には、電話やオンライン会議ツールなどを使うというのもいいでしょう。

このように部下のことを把握するのと同じように自分のバイオリズムも把握しておきましょう。

6　自分を褒める習慣を身につける

自分がイライラすると相手もイライラし始める

自分に厳しく目標に向かって邁進していくことは素晴らしいことです。しかし、自分に厳しすぎることが、もしかすると他人に厳しくなってしまっている要因の可能性があります。

自分に厳しく常に自分を叱りつけている人も、自分に自信がない人と同様、自分を肯定する「自己肯定感」が足りないといえます。

自分に厳しい人は周りの人に対して厳しい態度で臨んでいることがほとんどです。

「こんなんじゃ、まだまだだ」「今日も目標に到達できなかった」「資料を完成させることができなかった」と自分に怒りを向けてイライラする。すると、他の人にもイライラし始めます。怒りは伝染するのです。

目標を達成できていないのに社内でのんびりしている部下にイライラする、会議で暇そうにしている部署の参加者にイライラをぶつけるなど、怒りが広まり、結果「怒る文化」が浸透し、ハラスメントが生じるのです。

経営陣に限らずセクションのリーダーも含めて、組織のトップがイライラする組織はほぼ高い確率でイライラをぶつけ合う文化になります。仮にあまり怒らないメンバーでも、自分がいつ標的にされるかわからないので、防止するために他の人を標的にしようとします。

人を褒めるのが苦手な人はまず自分を褒める

また、「自分に厳しく、他人にも厳しい」という人は、誰かがいいことをやっても「ありがとう」の精神がありません。「それくらいして当たり前」のことと思っているからです。

他人に厳しい人は求める水準も高いので、当然アラばかりが見つかります。悪循環のスパイラルです。

このスパイラルから抜け出すという意味でも、「人を褒めるのが苦手な人はまず自分を褒める」ところから始めてみましょう。メンタルトレーニングの技法のひとつに「セルフトーク」といって自分に語りかけるという心の行動があります。

たとえば、営業で今日一日、一件も契約を獲得できなかったとします。「一件も契約できないなんて、何をやってるんだ？」と自分を責めるのではなく、「三件も面談ができたじゃないか」と思うのです。

面談は相手がＯＫしなければ成立しないものですから、自分を褒めるに充分値します。もっとハードルを下げてもいいでしょう。「一〇件メールでアポイントの連絡をしたのだから」と自分を認めましょう。この場合も行動しなければまったくゼロだったわけです。自分で完結することでもいいから行動したことを認めるのです。

そのうえで、面談が契約に結びつかなかった要因と今後の対策を考えればいいのです。なおこれらの「自分褒め」は記録に残しておきましょう。ノートに書くのでもいいし、スマホに音声入力するのでもいいでしょう。

怒りたくなった時や自信を失くした時に、できていることに目を向けると、自己肯定感も高まり、イライラもしにくくなります。意識して、いいことに目を向けるようにしていきましょう。

イライラした時は「部下ノート」を読む

これは部下に対しても同様で、私は「部下ノート」をつくって、「部下の功績、褒められる部分」を記録して、その部下にイライラしそうになった時、心を落着かせるために読んでいました。

もちろんこれは叱らないということではありません。叱るのは、「部下の行動を改善する」ためのものであり、感情をむき出しにして部下を圧迫することではありません。いくら強く怒っても、部下が変わらなければ何の意味もありません。強く怒ることで、部下が萎縮し、改善するためにはどうしたらいいかといった思考がストップしてしまいます。

イライラした時、叱る前に部下ノートを見て、「あいつ、あの時、こんなに頑張ってくれたよね」「功績挙げてくれたよな」と感謝する気持ちを思い出すのです。そうすれば、部下に対して冷静に叱れます。でも、褒める部分がないのではと思われた方、小さなことでも褒める部分はあるはずです。

私は今まで三万人以上の管理職の方々に指導してきましたが、業績のいいチームのリーダーほど、部下の長所を知っています。つまり、自分が冷静かつ部下を認め、しっかりマーケティングできているのです。もし長所に気付かないとすれば、基準が高すぎるのかもしれません。そのためにも自分褒めの習慣を身につけるのです。自分褒めをすることは、心を復元し次に向かっていく活力にもなります。

一日一つは自分を褒めるようにしていこう

例を挙げていきましょう。今、この原稿を書いている際、イライラする出来事に遭遇しました。アマゾンレビューに五段階の1という悪い評価を入れられ、誹謗中傷のコメントが入ったのです。以前なら、「ふざけんじゃねえぞ。どいつか突き止めてやる」と怒り爆発、缶を蹴とばしたこともありました。

しかし、今は次のように考えることができるようになりました。

「それだけ自分が注目されるようになったんだ」

「自分の本を読んでくれたんだ」

注目されているかどうかは別として、前向きに考えるのは自由です。（余談ですが、アマゾンレビューの1を歓迎しているわけではありません。むしろ不要と考えています）

自分に厳しい人なら、少しハードルを下げるだけでも構いません。

「朝、いつもより三分早く出発できた」（三分くらいで意味がないだろうという考え

はＮＧです）

「あまり会話のないＣさんと一〇分話せた」（一〇分だし、そもそも昨日のサッカーの日本代表の試合のことだし、仕事には関係ないじゃないかという考えではなく、少しでも距離を縮めていく礎になったと考えます）

仕事に限らず、「寄ったコンビニでお釣りをもらった時、自分も頭を下げた」（何の意味もないと思ってはなりません。コンビニの店員さんに幸せそうな笑顔をもたらしたのです）

一日一つは自分を褒めるようにしていきましょう。「自分を叱咤激励する」のではなく、「自分を褒める」ことで、周りの人とも「やわらかい関係」に変わってきます。

このように書くと、部下にバカにされるのではないかと思った方もいらっしゃるかもしれません。

心配ありません。リーダーは「判断力」と「平常心」があれば、バカにされることはありません。むしろイライラした時こそ、リーダーに不可欠な二つの要素が消えてしまう危険性があります。

7　部下の長所を探しておこう

承認のハードルを下げる

次に部下に対してどのように長所を探していけばいいかについてお話ししていきます。

一つ目は承認のハードルを下げるということです。相手を承認する方法は大きく分けると三つになります。

(1) **結果承認**……上手くいったという「結果」に対して「よくやった」「助かったよ」と認める

(2) **行動承認**……望んでいた結果にはならなかったが、行動したことを認める

(3) **存在承認**……相手の存在を認める

厳しい人はおそらく(1)しか認めないでしょう。もちろん、仕事である以上、結果は大事です。しかし、結果が出ないことはしばしばです。次こそいい結果を出そうと前進していくには、行動したことを認める必要があります。

しかし、パフォーマンスの悪い部下に対しては(2)も見つからないかもしれません（本当は見つかるのですが、その方法は次の項目で触れたいと思います）。その場合はまずは(3)の存在承認をすることです。**具体的には挨拶です。**挨拶が気持ちいいといったことも褒める要素です。

パフォーマンスの悪い部下には「存在承認」が抜けていないか、リーダー自身が強く意識する必要があります。人は誰しも承認欲求を持っています。「挨拶されない＝存在すら認められていない」という流れで、自己肯定感を大きく下げるものだからです。

短所を長所に変換する

では二つ目の部下の長所を認める方法について触れたいと思います。

これは短所を長所に変換するということです。心理学用語で「リフレーミング」と言われている方法です。

「話し下手」は言い換えると「聞き上手」とも言えます。「大雑把」は全体像が把握できる、まとめるのが上手いと言い換えられます。

他にもいくつか例を挙げていきます。

- **飽きっぽい→好奇心旺盛**
- **新しいことに挑戦しない→堅実である**
- **理屈っぽい→論理的**
- **行き当たりばったり→臨機応変**
- **経験が少ない→既存の考え方にとらわれていない**

短所と長所は表裏一体です。視点を変えれば短所は長所に変換できるのです。

第5章

新しい時代のコミュニケーション

1 外見よりも中身を褒める

職場で上司が異性の容姿に関わることを褒めるのは避けたほうがいいでしょう。

女性は変化に気づいてもらえると喜ぶからといって、男性上司に「髪の毛切ったんだね」「今日の服装はいつもシックだね」「今日のスカーフは赤なんだね。赤が似合うね」と褒めたことによって、「いったいどこを見てるんだろう」とセクハラに思われる危険性もあるということです。

また、「有名女優に似ているね」と言われても本人が喜ぶとは限りません。有名で誰もが美人と言われる人気女優でも本人が好きとは限りません。

男性の部下に対しても同じです。

見た目を褒められて喜ぶかもしれませんが、やはり仕事で認められたいものです。

ですから、**外見よりも仕事の中身を褒めるようにしたほうが嬉しい**ものです。できるリーダーは部下の仕事の長所をしっかり把握しています。

「いつも仕事が早くて助かっているよ」
「オレ、気づかなかったわ。○○社の件、フォローしてくれて助かったよ」
「○○さんがいるおかげで、安心して営業に取り組めるよ」
「○○さんの作るデザインは素晴らしいっていつも皆で言ってるんだ」
「細かいところまでチェックしてくれるから安心して任せられるよ」

普段、外見を褒められている人のなかには、逆に外見ばかり褒められて、中身を評価されていないと不満を持っている人も少なくありません。

なお外見とともに持ち物について褒めるのも注意が必要です。

×「そのハンドバッグ、色がきれいだよね」

→　褒める相手によって喜ぶかもしれませんが、そんなところ見てるのかよと思われてしまいます。

○「そのトートバック、たくさん荷物が入りそうでいいね。メンズもあるかな？」
→　これならフォーカスしている理由も明確で、変に思わないでしょう。

○「その手帳、使いやすそうでいいね。どこで売ってるのかな？」
→　道具の機能を褒めることは仕事の段取りがいいと言われているともいえます。

2　リモートワーク・ハラスメントが問題になっている

テレワークが導入されたことによって、新たなハラスメントが生まれ始めました。**テレワーク・ハラスメント**（テレハラ）、**リモートワーク・ハラスメント**（リモハラ）と呼ばれるハラスメントです。

これはZoomやTeamsなどのオンライン会議ツールを使った時に生じます。リモートワークは孤独感を生むとの声もあり、雑談を大切にしようという風潮が生まれました。これは非常にいいことです。しかし、雑談の内容に問題があるのです。私は普段、雑談術のセミナーや講演をする際、「お互いに目に見えるもの」が共通点なので、話題にするといいと言っています。

たとえばリアルの営業面談なら、応接室にある絵や並んでいる書籍、オシャレな家具などをネタにします。社内であれば同僚が飲んでいるスタバのカップを見て「スタバに行ったのですね」とか見たことのない飲み物を持っていれば、飲み物を話題にします。

同じようにオンラインでも画面上見えるものを話題にするといいのですが、話題にしないほうがいいものもあります。

部下の女性に「ピンク色のソファなんだ」「部屋きれいに片付いているね」「部屋着だといつもと雰囲気が違うね」と言ってしまうのは危険です。部下からすると私生活を覗かれた感があり、不快に感じるでしょう。

男性に対しても同様です。「なんか漫画ばかりあるな」「若いくせにいい部屋住んでるな」「散らかってるな。掃除しろよ」とモラハラしたり、「俺の部屋より広いじゃないか」といったパワハラするのは問題外です。


ここまで気にしていたらオンライン会議では「何も話すことはないじゃないか。オンライン会議は用件だけ話して終わりにしよう」と怒りたくなった方もいらっしゃるかもしれません。しかし、用件だけでなく雑談は必要です。

雑談の内容を「共通の話題」としながらも、「仕事における共通の経験・行動」にすればいいのです。

どんなものか挙げてみましょう。

- お昼の休憩（お昼は何を食べるか、どこに買いに行ったか）
- 眠くなった時の対策
- 家にいることで、生産性が落ちてしまいがちということリーダーとしてこのようなことを言ってもいいのかと思った方もいらっしゃるでしょうが、私はどんどん言ったほうがいいと思います。テレワークではついだらけてしまい、生産性が少し落ちてしまうと色々な企業で言われています。人は弱いものだからという性弱説に基づき、自分が弱いということをリーダーから自己開示して質問すれば、部下も答えやすいでしょう。

テレワークでは他にもいくつかハラスメントが生じる恐れがあります。会議で子どもが入ってきたり、子どもの声がした場合です。泣き声などしてしまうと、会議が中断されることとも。会議の前に準備しておけよとか、見えないところで子どもと遊んでいるのではないかと怒って言ってしまう人もいるかもしれません。

しかし、リーダーが性弱説をとって、「子どもが騒いだ時とかどうしてる？　正直、仕事進まないでしょう？」とか聞いておけばいいのです。部下も答えやすいですし、リーダーもあらかじめ状況を把握しておけば、会議中に子どもの大きな声が聞こえてきても平常心でいられます。同じ出来事でもあらかじめ知っていることであれば柔軟に対応できるものです。

回線が切れてしまう、使っているPCが遅いなどの問題もハラスメントにつながる可能性があります。Wi-fiやパソコン機器を会社で用意している場合もありますが、そうでない場合もあります。

インターネット回線も法人から個人のものを利用することになり、集合住宅などでは時間帯により動きが遅いこともあります。パソコンが古い場合もあるでしょう。

×「何とかしろよ。仕事が進まないじゃないか」「パソコン、買い替えろよ。ボーナス出たばかりだよ」

とハラスメントをしてしまう可能性はあります。

考え方を転換して「いつも思い通りに進むわけではない」と思うようにしましょう。

3 テクニカル・ハラスメントにも注意する

今ではスマートフォンやパソコンは仕事でも生活でも不可欠なものになりましたが、年配社員の中にはパソコンの操作が苦手な人もいます。

「データを消してしまう、勝手にエクセルの関数を書き換える」といったエクセルおじさんという言葉もあるように、ITスキルが低く苦労されている人もいます。データを消してしまうのですから、リーダーからすると困り者という存在で、何度も続くとイライラすることもあるでしょう。

エクセルおじさんという例を挙げましたが、これは男性に限りません。

テレワークで言えば「ちょっと待って」とか一人だけ反応が遅れたりなど、周りの人はイライラするかもしれません。あるいはちょっとPCが止まっただけで大騒ぎし、いちいち聞いてくる人がそうでしょう。

若年層の人たちは子どもの頃からＩＴを学んでいるので、年上のメンバーより知識もスキルもありますし、ＩＴスキルが高い者からすれば、信じられない行為でしょう。
一方で、シニアの人たちは社会人になってだいぶ経過してＰＣに触れるようになったという人も少なくありません。だからといってシニア世代などの人全員がＩＴスキルが低いわけではなく、なかには高い人もたくさんいます。ですから、リーダーからすると「ＩＴスキルは自分次第で学べる」と思ってしまうのかもしれません。

これにともない、心無い傷つける言葉を発したりというハラスメントが起きることが増えています。

×「いちいち聞いてこないでくださいよ。ググればいいんですよ」
×「全く仕事が進まないじゃないですか」
×「○○さんにやってもらう仕事はもうないですよ」

×「少しは自分で考えてやってくださいよ」

×「全然、エクセル上達していないじゃないですか。やる気あるんですか？」

このようにＩＴスキルが低い者に対して行う**テクノロジー・ハラスメント**（テクハラ）と呼ばれるハラスメントがあります。以前は日本も年功序列制が強く、スポーツなどでも上下関係がはっきりしていたため、年下の人が年上の人を罵倒することはほとんどありませんでした。

しかし、年下上司vs年上部下の構図が増えたとともに、昨今では年齢に対するリスペクトの概念が減っている気がします。サッカーなどでは年上のチームメイトを「○○くん」などと呼んでいるのもよく目にします。

また最近は「老害」という言葉が平気で使われるようになり、年上の人を攻撃する「逆ハラスメント」が起こりやすい環境になっています。

ここで伝えたいのは、**人は誰しも認められたいと思っているものですから、ＩＴス**

キルの低い年上の人に対しても、きちんとリスペクトの念を持って、スキル改善を促すようにしたほうがいいということです。

①×「○○さん、いい加減関数覚えてくださいよ」
②○「○○さん、エクセル関数でこんな本があるので勉強されるといいかと思います。私も最初は本で学んだんですよ」

②のほうがいいでしょう。ただイライラをぶつけても何も改善しません。改善方法をアドバイスするのがいいでしょう。

次のように相手の気持ちに寄り添うのも一つです。

○「○○さん、集計の仕事ストレスたまってないですか。△△というエクセル本を使って実際手を動かして勉強してみるといいですよ」

4　パーソナル・ハラスメントを防ぐため、できる人ほど相手の外見に触れない

容姿や性格、癖といった個人の特徴を標的にした嫌がらせの言動をパーソナル・ハラスメントといいます。

×「太ってるな」
×「細すぎて頼りがいがないなぁ」
×「(待ち合わせ場所で)小さいから見えなかったよ」
×「スキンヘッドにしていると映画俳優さんみたいだね」

すべて論外です。あるスポーツ選手が言っていましたが、言った側は「いじり」と思っていても相手からすれば「いじめ」になることもあります。けなしているだけです。

一流のリーダーの方々と多数お話をすることで気づいたことがあります。

一流の人ほど、相手の外見だけでなく性格についても触れません。人格否定につながるからです。

×「おっちょこちょいだね」

×「話が面白くないね」などです。

同じように、**あだ名を勝手につけるのもＮＧ**です。

藤山さんを「フジ」、西岡さんを「ニッシー」と呼ぶのはいいかと思いますが、芸能人やスポーツ選手に似ているということで、あだ名をつけるのもよくありません。

松村邦洋さんに似ているから「クニヒロ」、ちびまる子ちゃんに似ているから「マルコちゃん」と呼ばれている人もいましたが、本人は喜んでいなかったので一種の「ハラスメント」と言えます。

知らず知らずと相手に精神的なストレスを与えているかもしれません。

なお、個人的には苗字からとって「ニッシー」と呼ぶのも好ましくないと思っています。ただ最近ではセミナーやワークショップなどで、全員があだ名で呼び合うということがありますが、これはいいことだと思います。理由は二点です。

① 本人が呼んでほしいニックネームだから
② 全員がニックネームで呼ばれているから

実はこの二つ目も大切です。西岡さんは「ニッシー」と呼んでいるのに同じ世代の部下の佐々木さんには「佐々木さん」と呼んでいると、佐々木さんからしてみれば何だか西岡さんが贔屓されているように感じてしまうからです。

ハラスメントに抵触することはありませんが、差別されていると感じると、人間関係はマイナスになります。

私は部下とランチに個別で行ってはいけないと今までの書籍に書きましたが、差別に感じさせてしまうことは極力排除したほうがいいと思っています。個人的には全員

「名前＋さん」で呼ぶのが無難であるかなと感じます。

5　女性リーダーは男性部下をこう動かそう

プロローグでも書きましたが、異性間のハラスメントは多義にわたっています。男性から女性に限らず、**女性から男性へのハラスメント**も出てきています。**「男性のくせに根性はないのか」などといったジェンダー・ハラスメント**の問題も増えています。

ある企業で同時に二人の女性マネジャーが誕生しました。お二人とも現場で活躍された三〇代の女性です。部下は九割が男性であり、うち半数が年上でした。

Aさんは、持ち前の馬力を活かし、どんどん突き進んでいきます。**「男性なんだからへこたれていてはだめ」**と若手のメンバーには叱咤激励します。

一方で、年上の部下に対しては**「給料に見合った働きをしてもらわないと困りま**

す」と正論でガンガン攻めていきます。

舐められないようにと引っ張っていきますが、メンバーのモチベーションは低く、チームはどよんと沈んでいます。業績も上がりません。

一方のBさんはそれまではどちらかといえば姉御肌と言われていましたが、路線をガラリと変えました。男性部下をティーアップして頼るようにしたのです。

○「○○さん、新商品のコピー書いてもらっていいですか。○○さん宣伝部にいたんですよね」

○「○○さん、大手の△△社に今度紹介されて営業に行くんですけど、同行していただいてもよろしいでしょうか。○○さんの営業力があれば安心できるし、担当してほしいんですけど」

二人も「任せてください」と大張り切りです。

年下の部下にも

○「△△くん、確かデザイン学校の出身でイラストレーターできたよね。お客様への提案資料作ってもらえないかな？　△△くんに作ってもらえればセンスのいいものができる気がするの」

部下も大張り切りで、何だかチームの雰囲気が非常によくまとまってきました。一年後にはまるで別のチームのように生まれ変わり、業績も大幅アップです。

二人のマネジャーは対照的な結果になりました。

なぜ、このような結果になったのでしょうか。

実はBさんは男性の特性をしっかり理解していたのです。心理学用語に「**クーリッジ効果**」というものがあります。

クーリッジ効果とは、哺乳類のオスが、新しいメスが存在すると色めき立ち、活性化する現象です。男性は、女性に頼られることが好きで、褒められると「俺のことわ

かっているな」と女性上司に対して好感を持ちます。

頼られているし、カッコイイところを見せてやろうと思うのです。ですから、女性上司は男性部下を動かす時は褒めて（教えを請うて）気分よくさせましょう。モチベーションが上がります。

一方、Aさんは男性にマウンティングのような形で叱咤激励をしようとしたのですが、これは逆効果です。さらにAさんのチームでは問題が生まれました。若手メンバーの一人が「ジェンダー・ハラスメント」ではないかと騒ぎ始めたのです。

「ジェンダー・ハラスメント」とは、男らしさや女らしさといった基準を出して、相手に差別的な言動をしたり、相手を非難することをいいます。

「ジェンダー・ハラスメント」は、男性から女性へが多かったのですが、女性から男性、あるいはLGBTなどの人に対する問題も生まれ始めました。

例を挙げてみましょう。

×「女なんだからもう少し控えめにしたら」

×「**男性のくせにスイーツが好きなのかよ**」
×「**男のくせに何を怖がっているの**」
×「**女性なのに堂々としてるな**」
×「**女性社員は役員にお酌して回って**」

完全な差別的言動です。

「保険クリニック」によるハラスメント調査のうち、あなたがハラスメントだと思わないモノの上位三位にこの「ジェンダー・ハラスメント」が入っています。**気づかないうちにハラスメントをしている恐れがある**ということです。何か言う時、もしかして性別で差別した用語を使っていないか注意するようにしましょう。

最後にもう一点。

女性は「**共感**」を重視するのに対し、男性は「**解決**」をしようとします。女性が上司に「**コーチング**」の要素を求めるのに対し、男性は「**コンサルタント**」の要素を求めます。そこで女性の上司が男性の部下から相談を受けた場合は、**コンサルタントのように「私はこう思うかな」「こうしたらどうだろう」とアドバイスするようにしましょう。**

6 女性の部下には結果よりプロセスを評価しよう

男性は、他人と比較して勝ちたいという「**勝負脳**」が強い傾向にあります。「大口顧客を獲得できた」「目標を達成した」「社内でトップを取った」などの結果さえうまくいけば、正直プロセスはどうでもいいと考えている人が少なくありません。

リーダーAさんは、ちょうど大口顧客を獲得してきた女性の部下Kさんに対して、「よくやったな」「T社は今まで色んな人がアプローチしていたけど受注に至らなかったんだよ。だからKさんすごいよ」と獲得した結果を褒めました。

しかし、思いのほか、Kさんの反応はよくありません。嬉しくないはずはないのにと思うAさんの予想を覆し、Kさんはその後、何も言わずにすたすた自分のデスクに戻ってしまいました。

それどころか翌日以降、微妙な雰囲気になり始めました。困ったAさん、研修の休憩時間に私のところに相談に来たのですが、どの点がよくなかったのでしょうか。


実は男性と女性では褒められたいポイントが違います。

男性は結果さえよければいいと考えるのに対し、女性はプロセスの部分を大切にします。

社会的影響力を得ること、昇進や昇給によって会社での地位が上がっていくこと、それに伴って集まる周囲からの羨望や尊敬の眼差し、それらが自身への評価と直結する男性に比べて、女性は結果に至るまでにかけてきた時間や注いできた思い、積み重ねてきた苦労などを重視します
女性は「拡大思考」のため、今現在の結果一点だけでなく、過去や未来のことまで拡大して考えるのです。

「夜遅くまでありがとう」「こんな正確な資料をよく作ってくれたね」「あの一言がす

ごくよかったよ」など、ちょっとしたことを褒められるだけでも、何年間も記憶に残ります。

ですから結果だけを褒めるより、「この結果を出すために遅くまでがんばってくれたね。体力的にキツかったでしょ？」とプロセスを含めて讃えるほうが、女性の心にはグッと来ます。

反省したAさんは、翌々日のミーティングの際、Kさんの大口顧客T社の受注の経緯を他のメンバーに共有したいからとKさんに頼みます。予想通り、Kさんは「どのようにアプローチしたか」「企画はどのように考えたか」「プレゼン」「当日の経緯」などを丁寧に発表しました。

「企画書を提出する際に、夜遅くまでブレストし合ったこと」をねぎらいます。

さらに、別の部下で事務担当、どちらかといえば裏方役のOさんが「企画が最初NGだった時、Kさんと遅くまでどうしたらいいか話したよね」と言うと、Kさんは目を輝かせます。

女性はプロセスを見てもらえることを強く望んでいるのです。

以降、AさんはKさんとの人間関係も良好になっていきました。

結果だけに目を向けていると、結果の出ていない部下を褒めることは難しくなってしまいます。何より結果でしか判断しないことで、相手を褒める部分も見つかりません。

頑張ったのに結果が出なかった部下に対して、怒りをぶつけパワハラをしてしまう危険性があります。プロセスに目を向けるようにすれば、努力や試行錯誤の形跡が見えてきますから、「プロセスはしっかり経たんだな」と部下のいい部分を見ることで、パワハラを防止できます。

何よりも褒めることで、結果が出ていなくても部下のモチベーションを維持することができるのです。

最後に、そうはいっても結果が出ていなくては意味がないかと思われた方へ。最近はコロナ禍や自然災害など外的な環境の先行きが読めず、同じプロセスを踏んでも、違う結果になることがあるのです。ですから、結果だけを見てはなりません。

適切なプロセスを踏んで結果が出ない場合は、さらなる適切なプロセスを一緒に考えていく必要があるのです。

7 相談回数が多い女性VS相談に来ない男性

人は自分のペースを乱されるとイライラすることが多くなります。

リーダーにとって部下育成は重要な仕事ですが、部下を育成すること以外にも仕事はあります。プレイングマネジャーでなくても、長期の計画を立てたり、新しい商品の企画を考えたりする仕事もあります。

これらの仕事は、スキマ時間を積み重ねてできるものではなく、一時間や二時間などまとまった時間を必要とするものです。企画書を作成している時に、一〇分やって誰かに呼ばれる、一〇分やってメールが来たら返信なんてしてたら、いちいち仕事から脱離することによって効率もよくありません。

いつもタイミングの悪い時に連絡してくる取引先N社の担当から電話がかかってくるたびに、「ちぇっ、忙しい時に電話して」とイライラしてしまった経験はないでしょうか。同様なこととして、頻繁に相談に来る部下に対してのイライラがあります。**報連相に来ない部下にもイライラしますが、相談に時間をとられることで、イライラすることは多いものです。**

ある企業の男性リーダーのAさんの女性の部下であるCさんは、何度も何度も相談に来ます。

先日同行営業した大口見込み顧客A社へのコンペで使うプレゼン資料の作成を少し時間があるので、Cさんにお願いすることにしました。

「グラフはどうしますか?」
「フォントは何を使いますか?　大きさはどうしますか?」
「弊社のPRポイントはこれでよろしいですか?」

最初だからわからないことも多いでしょうから、質問に来るのも理解できますし、熱心に取り組んでいるのはいいことです。その一方で、非常に時間をとられており、リーダー自身の仕事はなかなか進みません。もちろん、部下育成のうちの一つである相談は優先すべき業務です。しかし、まとめてにしてくれないかなとも感じていました。

そもそも女性は物事を「わからないまま進める」ことに抵抗を感じます。仕事でも間違ったことをやっていないかを非常に気にします。勝手に進めることで後でトラブルになるリスクを避けたいのです。

このケースでは、Cさんに「私も○○の仕事や面談があるから、今日は一一時と一五時なら質問の時間が取れるよ」と伝えます。そのうえで、「間違っていても一五時の時点で確認すればいいから進めてみなさい。自分でやってみることは力になるから」と言います。**定期的に聞く時間を設けることで、女性は安心します。**

一方で、講演に来た女性リーダーに逆の相談を受けたことがありますが、男性部下は女性上司からするとなかなか相談に来ないそうです。中間報告をあらかじめ決めておくことです。なお、この場合、「確認したいから」と上司サイドで話すのではなく、**「解釈の食い違いがあったら、○○君に悪いから、中間報告をしたいと思ってるんだけど」**と伝えましょう。

なお、男性部下の方は上司が女性の場合は、不要な心配をかけないためにも、あらかじめ中間報告の日程を申告しておくようにしましょう。

8 なぜ多くの女性はリーダーになりたがらないのか

ハラスメントではありませんが、**「本人のため」**が部下にとって迷惑に感じること

があるというお話です。

今、女性の管理職を増やそうという動きが多く見られます。管理職を目指し、上昇していこうという志向の女性も多くいらっしゃいます。その一方で、いくつかのクライアント様や研修に参加した方々から、「優秀なのに、リーダーになりたがらない女性が多い」という相談を何度も受けています。

男性社員には一時的なものでいいから、「○○長」「○○リーダー」という肩書を与えると、認められたと喜び、期待に応えられるよう頑張ります。男性はヒーローになりたいという願望があり、タテ型組織の意識が強いものです。

上司Aさんは、最近実力を発揮してきていて周囲も認めている女性の中堅社員の部下Cさんを、プロジェクトリーダーに抜擢しようと考えます。将来管理職になったときの登竜門になるし、認められたと喜ぶだろうと考えていました。

「Cさんならできる。実績も申し分ないし」と、なぜCさんを抜擢するのか、Cさんを評価しているんだよと伝えることで喜ぶだろうなと思ったのです。実際、半年くらい前に別の男性部下にお願いした時もそうでした。

しかし、意外なことにCさんはあまり喜んでいませんでした。それどころか逆に、「私なんかですか」と引き受けるのを拒んできました。上司からしてみれば、せっかく喜ぶと思って抜擢してあげたのに肩透かしをくらった感じがあります。

女性の中には、男性に比べて自己評価が低い人が少なくありません。せっかくこのようにプロジェクトリーダーに抜擢しようとしても「私なんかでいいんですか？」「自信がないんですが」と言ってきます。

インポスター症候群に陥っていて、自分に自信がない女性も少なくありません。インポスター症候群とは、能力があるにもかかわらず、自分を過小評価してしまう傾向のことを言います。自分の力で何かを達成し、周囲から高く評価されても、「たまたまポストが空いていただけ」「周囲の人が助けてくれたからたまたま上手くいった」などと考え、成功体験を自信に置き換えることができないのです。

このタイプの人は、「責任あるポジションを任せたい」と言われても、「私には無理」と思ってしまうのです。

一方で男性は何かをお願いすると実力は足りていなくても「やらせてください」と言ってきます。男性は自分の実力を実際より高く見積もることが多いのに対し、女性は自分の実力を実際より低く見積もってしまう傾向にあるのです。

また、女性は横の関係を重視しており、誰かの上になったりして、不快に思う人がいないかを気にします。

他の人に対してでしゃばっているように思われたくないのです。特に年次が早い人や実力が均衡してライバルのような状態にある人より上のポジションになることを非常に嫌がります。昇格して目立つのを嫌がる女性が多いのはそのためです。

従って女性にプロジェクトリーダーを頼む時は「この人に嫌われると職場に居づらくなる」「調子に乗っていると思われたくない」という「この人」、いわゆる女性の

キーマンOさんもあなたに一目置いているから、あつれきは起こらないよ、と安心感を与えてあげる必要があるのです。

一方、別の女性にプロジェクトリーダーを引き受けてもらった上司Bさんは、次のように言ったのです。

「Eさんしかいない。OさんもEさんには一目を置いているし」

そのOさんに対しては、事前に「EさんをプロジェクトリーダーにしようかとF思うのですが、Oさんから見てどうですか。Oさんがいいというなら大丈夫かなと私は思ったので聞いてみました」と、事前にOさんという年上のキーマンの承認欲求を満たすことを事前にしていたのです。そうすることで、「Oさん」はBさんに対してもEさんに対しても味方になってくれるのです。

女性は、実績より、周囲のメンバーからどう思われるかを気にする傾向にあるのです。

9　叱らないことがむしろ差別になる

ハラスメントをしないことは大切ですが、ハラスメントを必要以上に恐れてはなりません。

女性の部下Cさんに作成してもらった重要な書類の数字に間違いがありました。

×　リーダーAさんはCさんに注意をしようか迷いましたが、「口うるさい上司に思われたくない」と思ったため、「わかった。あとは俺が何とかするから」と叱らず、自分で完成させることにしました。

Aさんは部下を叱るのが苦手でした。なぜなら、かつて女性の部下に注意をしたら泣かれてしまったことがあったからです。

○　一方、別のリーダーBさんは、部下をきちんと叱ります。今回のミスに対しても「何が原因でミスが起きたの？」と原因を考えさせ、改善を促します。

意外なことに一見やさしいように思えるリーダーAさんより、きちんと叱るBさんのチームのメンバーのほうが生き生きと働いているうえに、結果も出していたのです。また、Aさんの部下は上司に不満を持っていたのに対し、Bさんの部下は上司に共感し、ついていこうと、非常に信頼関係も強固だったのです。

なぜ、このような状態になってしまったのでしょうか。

女性スタッフから「上司が全然叱ってくれない」という意見をよく聞きます。

特に女性社員を特別扱いして叱らない上司に対しては「叱ってもらえる男性社員が羨ましい。私たちに対しては本気で接してくれない」と疎外感を感じているのです。

現在では、女性は男性と同じような働き方を切望しています。いわゆる男性部下にも女性部下にも同じように接してほしいと思っています。

間違えたことは、女性に対してもきちんと叱るべきなのです。叱り方さえ間違わなければ問題ありません。

叱って部下との関係がおかしくなるのは、たいてい「叱る」と「怒る」を混同しているからです。そもそも「叱る」は部下の行動改善のため、「怒る」のは上司自身の感情のコントロールのためです。

冷静に部下の行動改善のために「叱る」のであれば、何の心配もいらないのです。

従って、このケースではBさんのように

「この数字が間違っていたよ。Cさんらしくないよ。次は頼むよ」「Cさんだから安心して任せたのに残念だよ。次は気を付けてね」

などといった伝え方であれば問題ないでしょう。

「らしくない」「残念だよ」という言葉は素直な気持ちなので、部下も抵抗なく受け入れてくれるでしょう。さらに言葉の裏側にある「いつもは信頼しているのに」という上司の気持ちが伝わります。

部下も、「迷惑かけてしまったな。普段は頼られているのに」と、部下は自ずと反省し、きちんと行動改善に取り組むでしょう。

ただ、そうはいってもAさんのように叱って女性の部下に泣かれてしまったなんて経験がある方は泣かれたらどうしようと思うのではないでしょうか。

そもそも、女性は右脳と左脳をつなぐ橋梁が太く、男性に比べると感情的になりやすいという特徴があります。

頭では「泣くほどのことではない」と思っていても女性は涙があふれてきてしまうこともあるようです。涙を抑えきれないだけのことも少なくないそうです。

男性は自分自身が泣くことが少ないので、女性の涙を見るとひどく動揺する人もいるかもしれませんが、女性も男性と同じようにきちんと叱ってほしいと思っているのです。

10 時短勤務の部下への仕事の頼み方はどうすればいいか

育児中の部下に対して、「**育児・ハラスメント**」にならないよう、時短勤務など考慮をするケースは増えています。

時短勤務の社員には何かと気を遣ってしまいがちです。しかし、この気遣いが不平等と感じるケースもあります。過小な仕事しかさせてもらえないと、ハラスメントの定義の一つである「過小な要求」と思われるかもしれません。

「育児・ハラスメント」にならないように気を遣ったつもりが、別の「ハラスメント」になりうるということです。

リーダーAさんは、子どもを保育園に送るために時短勤務をしている部下Eさんに、次のように仕事をお願いします。

×「Eさん、お願いしたい仕事あるんだけど、時間ある？　無理のない範囲でいいので」

Aさんは育児をしながらのうえ、短い時間で仕事をしなければいけないので、大変だという配慮でEさんに仕事をお願いしました。実はこのような気遣いがかえって、部下にとっては不満になっているということは少なくありません。

時短勤務の女性は育児と仕事の両立に追われ、どちらも中途半端になっているのではないか、周囲に迷惑をかけていて陰で悪く言われているのではないかと不安を感じています。または、今後仕事を続けて、キャリアアップしていきたいという願望を強く持ってる人もいます。

Aさんは気を遣っているようで、逆に部下からは不満を持たれているのです。

このように時短勤務だからと負担の少ない仕事量に調整したり、他の人でもできる補助的な仕事しか与えないのは逆効果なのです。

二〇一六年、資生堂は時短勤務と通常時間勤務の美容部員との間で生じる不均衡を改善するため、働き方改革を実行しました。「資生堂ショック」と呼ばれた出来事です。

それまで育児中の女性に対して手厚い支援制度を設けていることで有名だった資生堂が

「時短勤務の人も休日勤務や夕夜勤務ができるように、子育てをいろいろな方にお願いして調整してください」

と、一年半の期間をかけて従業員らへ働き方改革を呼びかけたのです。

育児中の女性を一律に優遇、あるいは制限をかけることへの反省が、社会全体に広がっているともいえるのではないでしょうか。

一方のリーダーBさんは「○○さんには期待しています。この仕事をお願いします」「○○さんだからこそ」とレベルの高い仕事を任せてくれます。

仕事を受けたIさんは、時短勤務の中でその仕事を完了させなくてはならないので負担はあります。しかし、上手にタイムマネジメントをして、仕事をきちんと終わらせようとします。育休の女性を優遇することで差別しないように気をつけていたのです。

○「○○さんには、五年後くらいに重要な役割を担ってほしいと思っているんだ。そのときどんな状況になっているのか、どうしたいと思っている？」

○「育児と仕事の両立で、時間がないところ申し訳ないが、時間を捻出するための工夫について考えてみてくれないか」

○○さんには期待している、○○さんだから仕事をお願いしたいとモチベーションの上がる頼み方をしています。そうすることで、仕事を受けた部下も主体的に仕事に取り組むことができ、成果も高いものになるのです。

時短だから仕事の負担を少なくする、責任のある仕事を任せないというのは、気遣いのように見えて部下に不満を持たせてしまうリスクがあるのです。もちろん全員がそうではなく時短勤務でラクな気持ちで仕事をしたいという人もいるでしょう。どのような考えかを把握するという意味でも、今後のキャリアプランなどは随時話しておく必要があります。

時短の人は通常の人にキャリアで差をつけられないかを気にしているので普通に接しましょう。

11 優秀な部下に妊娠の報告を受けた時

妊娠や出産によって、職場で仕事を制限されたり、嫌みを言われたりする行為を

「マタニティ・ハラスメント」、略称「マタハラ」といいます。

二〇一四年の新語・流行語大賞にも選ばれたので、「マタハラ」については意識している人も多いのではないでしょうか。職場でのマタハラは非常に多いと言われています。知らないうちにマタハラになっていないか、注意する必要があります。

女性部下からの妊娠の報告、および産休・育休の申し出を受けた時は、どのように対応すればいいでしょうか。

リーダーAさんは、女性部下Iさんから妊娠の報告を受けました。

まず、「おめでとう」と祝福の言葉を伝えました。そのうえで、育児休暇制度について説明します。仕事を続けたいとのことでしたので、復職を見据えてのスケジュールについても触れていきます。

産休や育休は合計で一年間以上に及びますから、仕事を引き継ぐスケジュールや引継ぎ相手、引継ぎのためのマニュアル作成はいつくらいまでにする必要があるかを伝えました。

きちんと説明できたと思ったAさんとは裏腹で、話をした翌日からぎこちないIさんの態度に不安を感じます。

一方のBさんは同じように妊娠の報告を受けた時、まずは「おめでとう」と同じように伝えますが、すぐに育児休暇制度の説明には入りませんでした。

育児休暇をとるにあたって、何か不安に思っていることはないか、何か心配なことはないかとコーチングの方式で質問し、話を聴こうとしました。Bさんの面談を受けた部下は、Bさんに対する信頼が増したとのことでした。

そもそも報告してきた段階では、本人も今後どのようにすべきかを決めていない可能性もあります。いきなり育休制度についての説明をされると、共感を大事にしている女性部下からすると、ないがしろにされているという気分を味わうかもしれません。

大事なのは、本人の悩みや心配を解消してあげたり、不安な気持ちに寄り添うことです。男性上司には解決できないこともあるかもしれませんが、仕事に関する解決のヒントは出してあげられるかと思います。

まずは心配事はないか聞いてみましょう。

そのうえで、Bさんは「今後も、仕事や働き方を一緒に考えていきましょう。気になることがあれば、小さなことでも、まずは相談してください」と今後のことについて提案します。

妊娠を報告した時点では予定はわかりません。また予定はその時考えていたことと変わるかもしれません。仕事を続けるつもりだったけど、家族に子どもと一緒にいてくれと頼まれて考えが変わるかもしれません。

マタニティーブルーと呼ばれるように情緒不安定になる場合もあります。昨日は復職すると言っていたのに、今日にはやっぱり退職するなどと考えが変わってしまうことも少なくありません。

上司からすると、人員補充や業務分担のこともあるし、できるだけ早めに予定を立てたいとの気持ちがあるかもしれませんが、焦って決めないことです。また、時短勤務をいきなり提案するのもＮＧです。できるだけぎりぎりまで今までと同じように仕事をしていきたいと思っているかもしれません。

一方的に業務を減らしたり担当替えを提案するのではなく、本人の考えや意向をまず聴き、尊重します。

継続的に話し合いをしながら、体調に合わせて業務分担や働き方も見直していくために、定期的に面談を行うようにしていきましょう。そうすることで、部下も大切にされているなと感じ、産休後も仕事を続けようと固く思ってくれるかもしれません。

一度に予定を決めず、面談を継続して決めて行けばいいのです。

12 働きすぎの女性部下に負荷を与えすぎていませんか

育児期間中の女性や時短勤務の女性には気にかけるけれど、独身の女性にはつい目をかけるのが後回しになってしまうというリーダーもいらっしゃるのではないでしょうか

「シングル・ハラスメント」という、独身者に対して「なんで結婚しないの?」「独身は気楽でいいね」などと言ってしまうハラスメントもあります。

リーダーは時短などで気をつかう女性への面倒くささを嫌って、残業もしてくれて気楽に頼める部下に仕事を任せてしまいがちです。

しかし「ワークライフバランス」の「ワーク」は仕事ですが、「ライフ」とは必ずしも育児や家庭などのみを指すわけではありません。

独身者であっても、健康や休養、学習や趣味、地域や社会活動など、さまざまなライフがあります。

つい無意識に子どもがいる女性を優先して考えてしまいがちですが、上司はどのライフスタイルの女性も平等に見てください。

「不平等感」「孤立感」は職場のメンタル不調の要因となる可能性の高いものと言われているので注意が必要です。独りなのだから遅くまで仕事をしても害がない、気楽だからいいと、**独身であることを理由に負荷を与えすぎるのもハラスメントになる可能性があります。**

また、そのような仕事に情熱を燃やして頑張っている部下には仕事が多くなってしまい、知らずにストレスや疲労を溜めてしまっているケースも少なくありません。

しかし、ストレスや疲労はなかなか気づくことができません。自分自身ですら頑張っている時は気づかず、突然メンタルや体調を崩すなんて人もいます。

そうならないためにも、定期的に休みをとってもらう必要があります。

このように頑張っている人の中には、言われなければ自分からお休みを取ろうとしない人もいます。

よって上司が意識して休みをとるように導く必要があります。

休みをとるように伝える際、言い方には注意が必要です。

「○○さんもたまには休んだら」「有休余っているでしょ」というような言い方では、地雷を踏む可能性があります。「休みたいんだけど、私は仕事が多いんです」と部下は心の中で怒るかもしれません。

また、このような言い方では「ルールだから仕方ない」「一応言っておくか」といった雰囲気もでてしまい、言われた部下も気分よく休みをとる気にはならないでしょう。

従って

「私は来週有休取るけど、〇〇さんも休んだらどう？」

と上司自身が休みをとるけど、どう？　と伝えるのがいいでしょう。

あるいはパフォーマンスのいい男性Cさんを使って

「Cさんも休み取るみたいだし、交代で休みをとろうか」

と言うのもいいでしょう。

また、かつて私がやっていた方法なのですが、定期的にミーティングで月初に休みをそれぞれが決めて宣言するのも効果的です。必然的に全員が休みをとることになります。

その人の休みを前もって提示しておくことで、仕事を頼まれることもありません。

また、限られた時間内で仕事を進めるようになります。

なお、ミーティング時にその人が休みをとっていたら間に合わないということがわかれば、仕事の分担を見直す、あるいはやめる仕事を見つけるということで解決できるでしょう。

有休をとるようにただ勧めるのではなく、休みやすいように上司からきっかけを作るように意識していきましょう。

13 育休を申請してきた男性にはどう対応する?

男性の育休に嫌みを言ったり、査定にも影響を及ぼす「パタニティ・ハラスメント」というハラスメントがあります。

最近では共働き家庭の増加も手伝って、男性の家事や子育てへの参加意識が高まり、女性だけでなく男性も育児休業制度を取得する方が増えてきています。

厚生労働省は二〇二〇年までに男性の育児休業取得率を一三%にするという目標を掲げていましたが、ママと比べてパパが育休を取得するケースはまだ少ないのが実態です。

制度自体が浸透しておらず、制度に対する理解が乏しいという理由もあるでしょうが、復帰後の収入、出世、評価に悪影響を及ぼさないか心配という理由も多いでしょう。

「男性は仕事に生きるべき。家庭に入るなんて」とまゆをひそめる上司の存在もあるでしょう。

それでもリーダーAさんは育休を申請してきた部下Cさんに制度を形骸化をさせてはいけないと思い、「夫婦協力が大切だよな」「そういう時代だからね」と受け入れました。

Cさんからすると、受け入れてもらえてほっとはしてますが、内心もやもやし、「大丈夫かな」と心配は抜けませんでした。

そもそも育休を申請してきた本人は実は希望はしておらず、家族からの要望であって仕方ないという気持ちの場合もあります。

国が進めているとはいえ「男性が育児のために休暇を取るなんて大丈夫か」と思っている人も少なくないでしょう。以前の社会的に専業主婦が多かった時代の「子育ては女がするものではないか」という固定概念をどうも外せないという人もいるでしょう。

自分が休むことで、他の誰かに仕事の負担がのしかかります。昨今では、人件費を削減したり、ITの発達などによってメールやチャットなどが導入され、それらのやり取りが多くなったことで、一人当たりの仕事が増えているにもかかわらず、「誰かがいなくなっても（休んでも）人は補充しない」という組織は少なくありません。

仮に自分の代わりに人が入っても、その人が業務に熟練していなければ一時的に組織の力は低下してしまいます。迷惑をかけるのではないかという心配が抜けきれないわけです。

また戻った後に不合理な降格や減給、異動などもあるようです。何らかの出世への悪影響があるのではないかと考えるのは決して不思議ではありません。

制度を利用している人の少ない組織では、「パタニティ・ハラスメント」もあるようです。二〇一九年一月に事業主に対してパタハラに対する防止措置を講じるように義務化されましたが、それが浸透するには時間がかかるかもしれません。また、リーダーの見えないところで別の先輩や別部署の長が差別的な行動をとるかもしれません。

このように心配する要素を挙げたらキリがないくらいです。
それに対して、申請してきたCさん、かなり勇気を振り絞った行動なのです。

一方のリーダーBさんはもちろん受け入れたうえに、「何か気になることはない？」「戻ってきてからのプランも考えてみようか」と話します。部下が申請するのに実は葛藤を抱えているのではないか、悩みや不安がないか、申請してきた裏にあるものに意識して目を向けています。

仮に心配や不安を完全に解決はできないかもしれません。それでも「何か気になることはない？」「戻ってきてからのプランを考えてみようか」と少しでも心配を軽減しようとしてくれた上司に対しては信頼関係が構築されます。

育休制度をただ許可するだけでなく、その裏側にある心配事や悩みを聞く体制をつくっていきましょう。

14 解決よりもまずは共感から

最後の項目は、共感が男性から女性へのハラスメント防止にとっても非常に重要ということで、ピックアップしました。そもそもハラスメントを感じる小さなきっかけの一つが「押しつけられているな」という感情です。

良かれと思ってやった「問題解決」が押しつけられていると感じる人もいるということです。ですからまずは「共感」することです。「共感」してもらえなかったという気持ちは「相談に乗ってもらえなかった」と、セカンド・ハラスメントに似た感情を持つ人もいるかもしれません。

女性の部下が「何か体調が悪くて」と言ってきた時、「そういえば冷蔵庫にユンケルがあるよ」「頼んでいる仕事、急いでないから早退したら」「午後、医者行ったら？」とリーダーAさんは気を遣ったそうです。

せっかく気を遣ったつもりなのに、なぜか部下は不機嫌。

こちらはアドバイスをしてあげたのに、なぜだろう。
こんな風に思ったことはありませんか?

そもそも男性は女性の言ってきたことに対して「問題解決」をしようとします。困っているだろうと思って、相手の問題解決をしてあげるのですが、これは逆効果です。

女性にとってコミュニケーションで大切にしているのは「共感」です。それなのに、男性は「何が言いたいんだ?」「結論から話してくれないと」と考えます。だらだらと話されても時間がもったいないと感じています。

しかし**女性は問題解決は自分でしたいのです。**

それよりもまずは「つらい」というこちらの気持ちをわかって共感してほしいのです。「いきなり結論」「いきなり問題解決」は感情を害します。

例のようにいきなり「休みを取ったら」と返されてしまうと、「こちらの気持ちをわかってくれない」となってしまうのです。

現状を把握して、次の一手をすばやく打つための返しで、問題解決をしてあげるのは、男性の部下には感謝されるでしょう。このような返しをする上司に対しては、男性部下は頼りにするでしょう。

しかし、女性部下には感謝されないどころか「わかってくれない」と怒らせてしまうのです。

では、共感はどのようにしたらいいでしょうか。

共感のコツは相手の言葉の反復です。

リーダーは、「体調が悪い」と言われたら「それはつらいよね」「大丈夫？」とまずは「共感」で返すのがポイントです。

例えばちょっと「胃腸の調子が悪くて」と部下が言ってきた場合、締切間際の仕事のプレッシャーを抱えて悩んでいるのかもしれません。しかし、「つらいよね」と返してもらっただけで解決してしまうこともあるそうです。

共感には共感される側の余剰なストレスを解消してやるという効果もあるようです。

ただ話を聞いていて「問題解決」しないのでは時間がもったいないと思う人もいるかもしれません。しかし、共感してあげれば女性のモチベーションが上がり、機嫌よく仕事を進めるようになります。結果、会話は最短で終わるし、仕事の能率も上がるのです。

女性は話を聴いて、共感してほしいのです。相談に来た時点で、どのように問題解決をしていくかは決めているのがほとんどです。あるいは、相談に来た時点で結論は出ていなくても、自分で話をしながら課題を整理していくのです。

あとがき

いかがでしたでしょうか。

正直、大変だな、ここまで気を遣わないといけないのかと思った方もいらっしゃるかもしれません。

気配りはハラスメント対策だけではありません。

相手との人間関係をよくし、信頼関係を構築するために必要なのです。

言わないにこしたことはないですが、仮についハラスメントに抵触するようなことを言ってしまった場合、相手との信頼関係が構築できていれば、きちんと謝罪して話し合えばすむことです。本文にも書きましたが、良かれと思っていてもハラスメントになってしまう場合もあるでしょう。

ハラスメントを完璧に防止するのは難しいですし、人は誰でも間違った行動や失敗をしてしまうこともあります。一番よくないのはハラスメントを過度に恐れて何もできなくなってしまうことです。

ですから、仮に失敗をしてしまっても、次から注意していく。一つ一つ進めていけばいいのです。しかし、人間関係が悪ければそうもいきません。ですから、気遣いをして信頼関係を構築する、ここを目指していきましょう。

「やってはいけない」とばかり考えると気持ちも疲弊していきます。ですから、前向きに信頼関係を構築するためと考えることです。

本書のあとがきを書いている今は、コロナ禍による緊急事態宣言中です。先行きがより不透明になったことで不安な気持ちでイライラしてしまっている方も少なくないでしょう。コロナ禍の前に一〇〇%戻ることはないでしょうが、朝の来ない夜はありません。特にリーダーの方は日々明るい気持ちを持って行動していきましょう。

私は講演や研修、コンサルティングなどを通して、リーダーが明るく元気になるための活動をしております。

リーダーが明るくなれば、ハラスメントなんて無縁になり、社会も明るくなっていきます。本書をお読みいただいた読者の方々が明るく社会を照らすきっかけになれば、著者としてこの上ない喜びです。


最後に、本書を執筆するにあたっては、多くの方にお世話になりました。

特に株式会社ロングセラーズの富田志乃様には、この場を借りて心から感謝を申し上げます。

企画の立案から校正まで、多くのアドバイスをいただき、心より御礼申し上げます。

ご縁を作っていただきました出版プロデューサーの堤澄江さんにも大変感謝してお

ります。堤さんがいらっしゃらなかったらこの本は生まれていませんでした。

日々の研修やコンサルティングなどで接していただいている皆さま、著者としての活動を応援いただいている皆さまにも重ねて御礼申し上げます。

「次の本はどんな本ですか？」「読むのが楽しみです」とおっしゃっていただいた数多くの方々のおかげで、筆が止まりかけた時も何とか乗り越えることができました。

なお、本書をお読みになられましたら、「＃ハラスメントの壁」「＃吉田幸弘」などのハッシュタグをつけて、インスタグラム、フェイスブック、ツイッターなどでご感想をご投稿いただけますと幸いです。「試してみてこう変わった」「こんないいことがあった」などのご報告もどしどしお寄せください。

二〇二一年二月

吉田幸弘

一流の人は知っている
ハラスメントの壁

著　者　吉田幸弘
発行者　真船美保子
発行所　KK ロングセラーズ
東京都新宿区高田馬場 2-1-2　〒 169-0075
電話（03）3204-5161(代)　振替 00120-7-145737
http://www.kklong.co.jp

印刷・製本　大日本印刷(株)

落丁・乱丁はお取り替えいたします。※定価と発行日はカバーに表示してあります。

ISBN978-4-8454-5134-0　C0230　Printed In Japan 2021